ENTRE FILOSOFIA E LITERATURA:

Recados do Dito e do Não Dito

ENTRE FILOSOFIA E LITERATURA:

Recados do Dito e do Não Dito

Luiz Rohden
(Org.)

Relicário

© Relicário Edições
© Autores

CIP –Brasil Catalogação-na-Fonte | Sindicato Nacional dos Editores de Livro, RJ

E61

Entre Filosofia e Literatura: Recados do Dito e do Não Dito / Luiz Rohden (org.). – Belo Horizonte: Relicário, 2015.

152 p. : 15,5 x 22,5 cm
Inclui bibliografia.
ISBN 978-85-66786-15-6

1. Hermenêutica. 2. Literatura - Filosofia. 3. Literatura – História e crítica. I. Rohden, Luiz. II. Título.

CDD-121.6

CONSELHO EDITORIAL

Eduardo Veras (UNICAMP)
Ernani Chaves (UFPA)
Guilherme Paoliello (UFOP)
Gustavo Silveira Ribeiro (UFBA)
Luiz Rohden (UNISINOS)
Marco Aurélio Werle (USP)
Markus Schäffauer (UNIVERSITÄT HAMBURG)
Patrícia Lavelle (EHESS/PARIS)
Pedro Sussekind (UFF)
Ricardo Barbosa (UERJ)
Romero Freitas (UFOP)
Virgínia Figueiredo (UFMG)
Davidson de Oliveira Diniz (UFRJ)

COORDENAÇÃO EDITORIAL Maíra Nassif Passos
PROJETO GRÁFICO & DIAGRAMAÇÃO Ana C. Bahia
REVISÃO Lucas Morais

RELICÁRIO EDIÇÕES
www.relicarioedicoes.com
contato@relicarioedicoes.com

Prefácio   7

O universo concentrado: narração e reflexão em "Campo Geral"
Franklin Leopoldo e Silva   9

Identidade narrativa e ética de Miguilim na obra "Campo Geral"
José Roque Junges | Carolina Alejandra Molina Reyes   23

Entre filosofia e literatura: exercício de transfigurar a morte para viver
Luiz Rohden   41

O Velho Camilo, um sábio narrador marginal
(ou da precisão que ainda temos de velhas belas estórias)
Rogério Mosimann da Silva   63

Vida ensinada – em belas palavras: Guimarães Rosa, leitor de Platão
Suzi Frankl Sperber   79

**A gênese do ético e a linguagem expressiva na novela "Buriti",
de Guimarães Rosa**
Jayme Paviani   107

Da voz dramática às linguagens de máquina
Celso R. Braida   119

O encontro de Vilém e João na festa da língua
Rodrigo Duarte   137

PREFÁCIO

> *Miguilim, Miguilim, vou ensinar o que agorinha eu sei, demais:*
> *é que a gente pode ficar sempre alegre, alegre, mesmo*
> *com tôda coisa ruim que acontece acontecendo.*
> (Rosa, 1970, p. 76-77)

O presente livro reúne textos apresentados e discutidos no *III Simpósio de Filosofia e Literatura: Recados do Dito e do Não Dito*, ocorrido entre os dias 21 e 23 de maio de 2014 na Unisinos, em São Leopoldo/RS. O evento faz parte das atividades de pesquisa históricas e sistemáticas do grupo *Hermenêutica e[m] filosofia e literatura*, alocado no Programa de Pós-Graduação em Filosofia da Unisinos.

Os artigos constituem o processo final – embora não definitivos – das pesquisas realizadas ao longo de três anos de trabalho. O simpósio em questão foi um espaço de mediação para reunir professores, pesquisadores, estudantes e aprofundar as proximidades e as diferenças entre *Filosofia e Literatura*, indicando sentidos e significados para a pesquisa sobre o tema.

Essa obra contempla, do ponto de vista do projeto literário-filosófico de João Guimarães Rosa, a sua obra *Corpo de Baile*. Sob distintos enfoques, foi em torno desse texto rosiano que as pesquisas foram realizadas e seus resultados aqui condensados na forma de capítulos. Com isso, além de lapidar os laços de proximidade entre filosofia e literatura de modo geral, realizamos uma investigação cujos resultados contribuem para tornar mais conhecida a profundidade do trabalho de Guimarães Rosa e sua importantíssima contribuição na constituição de "uma literatura filosófica brasileira" essencial, também, para a compreensão e formação da identidade humana e *brasileira*.

Em relação à ordem dos textos, optou-se por manter a mesma ordem das apresentações ocorridas no evento. Assim, o professor Franklin Leopoldo e Silva, que abriu os trabalhos do simpósio, dá abertura agora aos textos do presente livro com seu ensaio acerca da narração e da reflexão como elementos (re)ordenadores da realidade do ser humano. Em seguida, José Roque Junges e Carolina A. M. Reyes apresentam a identidade narrativa e a identidade ética do personagem Miguilim, de *Campo Geral*. A seguir, Luiz Rohden aborda a temática da transfiguração da morte enquanto exercício de contemplação da vida a partir de Sócrates e de Miguilim. Rogério Mosimann da Silva trabalha com o personagem Velho Camilo e as sabedorias sertanejas transmitidas pelas narrativas populares que integram a novela "Uma estória de amor". Já Suzi Frankl Sperber nos mostra exemplos de como as leituras platônicas influenciaram as produções de Guimarães Rosa. O tema da gênese do ético na linguagem expressiva é examinado como possibilidade de uma teoria ética por Jayme Paviani. Celso R. Braida analisa as intermediações linguísticas potencializadas pelos sistemas digitais na perspectiva de que a linguagem deixou de ser uma mediação entre dois sujeitos e passou a ser um códice maquínico. Por fim, encerrando as atividades do evento, e também do livro, Rodrigo Duarte apresenta e reflete sobre o pensamento de Vilém Flusser, admirador e crítico da obra de Guimarães Rosa.

Registro aqui meu agradecimento especial ao CNPq pela concessão do auxílio financeiro Edital Universal 2012, cujos recursos foram imprescindíveis para o êxito das pesquisas propostas e cujos resultados apresentamos agora à academia. Agradeço a todas as pessoas envolvidas com o grupo de pesquisa *Hermenêutica e[em] Filosofia e Literatura* e com a execução do projeto específico "Filosofia e Literatura na obra *Corpo de Baile*, de João Guimarães Rosa".

O presente livro, ápice de uma série de atividades, só foi possível graças ao apoio e à colaboração do grupo de pesquisa, bolsistas, amigos, amigas, colegas de profissão e de trabalho.

Luiz Rohden
Organizador da obra

O UNIVERSO CONCENTRADO:
narração e reflexão em "Campo Geral"

Franklin Leopoldo e Silva[1]

Primeiramente, algumas palavras sobre o título, que é também um resumo do tema que tentarei tratar a seguir. Narração e reflexão se associam na modernidade na medida em que o enredo descrito na sucessão de fatos que se encadeiam está organizado pela unidade subjetiva que engendra o texto e que se faz responsável pela gênese e pela estrutura. Se do ponto de vista teórico podemos dizer que a subjetividade é o ponto de onde se irradia a verdade no universo das representações, no que concerne à ficção também seria possível dizer que o sujeito-autor é a fonte de onde promana o conteúdo e o significado que constituem a ordem narrativa. E se supomos que a ordem narrativa deriva da liberdade de imaginar, então a subjetividade como polo irradiador de significação adquire caráter mais radical. Afinal, já não se trata, como no universo teórico, de adequar a representação à realidade para explicar fatos, mas de criar a realidade cuja verdade (adequação) estará na própria representação. Como se a descrição, que no regime da *adequatio* é um procedimento voltado para fora de si na direção das coisas, se tornasse agora um procedimento interno, gesto autossuficiente que desvela sua própria referência num fundo de realidade que se situa bem além do que normalmente é percebido e pensado. Esse além não significa necessariamente distância e profundidade, mas pode indicar simplesmente aquilo que, por estar tão próximo, não é notado. A instância narradora se faz reflexiva para que o desapercebido, oculto nos hábitos da vida repetitiva, se manifeste como se viesse à luz pela primeira vez, com tudo que há de temível e de inquietante nas aparições inesperadas.

---

[1]. Professor aposentado do Departamento de Filosofia da FFLCH da Universidade de São Paulo - USP e Professor do curso de Filosofia da Faculdade de São Bento - FSB.

Nesse sentido, a reflexão revela não porque tenha acesso a algo mais que a simples narração, mas porque a própria revelação consiste num desdobramento reflexivo da narração, ou numa articulação que torna visível não o eventualmente invisível, mas o que pode ser de outro modo visível no contexto do que já era visível. A realidade, como o deus que está em Delfos, não esconde: dissimula.

É o polo narrativo, irradiador de significação, que (re)ordena a realidade a partir de si, mas de tal modo que essa origem subjetiva de uma apercepção autêntica corresponda, de algum modo, ao real dissimulado e inaparente, que será objeto de revelação: a luz que revela não é nem objetiva e nem subjetiva; não é natureza nem psique, mas atua quando as duas instâncias entram em comunhão por via da unidade solar que ilumina todas as coisas e cada uma delas, situando assim o sujeito diante de si e do mundo das suas interrogações. É essa comunhão que reforça a irradiação subjetiva: o sujeito não se perde nas coisas, mas deve encontrar-se diante delas, pois o espírito das coisas é referência da alma. Assim, o universo não é a pluralidade extrinsecamente relacionada de elementos isolados, cada um podendo tornar-se o centro de uma totalidade posta, por meio dele, em perspectiva. O universo não é descentrado. A instância narrativa, ao comungar com a totalidade, irradia-se intensamente, absorve a força da exterioridade e faz do universo narrado, por meio da reflexão, uma realidade concentrada, senão em torno, pelo menos a partir da instância narradora, que não doa nem constitui sentido, mas coordena a pluralidade em verdade e mistério, luz e sombras. Mas não é pelo fato de que a dispersão se organiza e a dispersão se concentra que o sujeito se encontrará mais facilmente. Pelo contrário, a complexidade concentrada da realidade torna mais difícil a identificação de si, dos outros e das coisas. O universo concentrado pesa sobre o sujeito e o ameaça de dissolução. Isso porque a concentração faz com que as coisas e as pessoas se interiorizem e manifestem o que são muito mais para dentro de si mesmas do que para fora. É essa inversão que faz de tudo mistério. Os ciclos do tempo objetivo podem não corresponder às expectativas humanas; as condutas dos seres humanos podem ser rompidas por aparições bruscas de algo que não esperaríamos que fossem. É preciso muita atenção e muita tensão para reconhecer a realidade das coisas e das mentes.

E isso porque, sob aquilo que as coisas e as pessoas dão a ver, existe uma intenção reflexiva que faz desdobrar o que é visto e conhecido como o oculto e o misterioso. E a multiplicação destas intenções pelos seres que intencionam acarreta o risco da perda e da desorientação. Daí a situação de dependência em que cada um está em relação a tudo que o rodeia: não apenas as vontades dos outros, seus amores e seus ódios, desejos e repulsas, mas também as árvores, o solo, os bichos, os morros, as águas, a mata: os acasos e as certezas. É nesse entrelaçamento complexo que consiste o universo concentrado, e por isso o homem tem aí uma responsabilidade que lhe impõe, em meio a todas as precariedades: a decifração do mundo. O sertão é do tamanho do mundo, e não se trata apenas de distâncias e lonjuras, mas do lugar e do momento, da presença de cada um a si mesmo, do que "acontece acontecendo" e do destino que se traça nas viagens por dentro e por fora de si.

Em "Campo Geral" há uma parceria entre o narrador e Miguilim, a voz reflexiva dentro da narração. Nada de extraordinário nessa relação se admitimos que Miguilim e o Dr. Miguel, de "Buritis", são a mesma pessoa. Mas essa identificação não é o aspecto mais importante. O que deve ser compreendido é como, no interior da primeira narrativa, a personagem de Miguilim desdobra a narração em reflexão – e essa parece ser mesmo a sua função, que consiste numa certa busca por respostas que estariam veladas nas coisas e nas pessoas, isto é, na vida tal como se desenvolve no universo da narrativa, e na qual se constrói determinadas correspondências entre as condições naturais daquela existência rústica e o perfil das pessoas que interiorizam e exteriorizam essas condições. Em outras palavras, viver é, em grande medida, refletir o meio em que se vive. Mas isso não quer dizer apenas reagir aos aspectos materiais que condicionam a vida. De modo mais complexo, essa reflexão, quase nunca consciente, acontece como se a história material e a história psicológica se integrassem de modo indistinguível. Talvez possamos chamar essa integração como existencial, valendo-nos da acepção mais ampla que se possa dar à palavra. As instâncias condição e condicionado não se relacionam de modo categórico (como causa e efeito, por exemplo), mas se integram numa totalidade tanto mais precisa, do ponto de vista da organização das vivências, quanto mais vaga na consciência dos protagonistas.

Essa configuração se define de formas variadas, conforme as personagens que a vivem. A mãe de Miguilim vive a integração contraditória dos elementos de sua situação na medida em que se sente a infeliz prisioneira de um lugar – o Mutum, entre morros – que se confunde com a configuração familiar. Os morros que a impedem de ver o mundo e, assim, de viver, e o sentimento de insatisfação pessoal não se distinguem porque desempenham o mesmo papel no contexto de sua infelicidade. A mesma inevitabilidade se faz sentir em relação à impossibilidade de transpor os morros do Mutum e a fatalidade da mulher submetida ao jugo familiar. A sua relação com os homens não passa pela aspiração à liberdade, mas pela vivência do aprisionamento, a infelicidade que ela não contesta nem mesmo na atração pelo tio Terez e pelo Luisaltino. A nostalgia do além-morros não significa que ela queira outra coisa, mas sim outra forma de viver a mesma situação. A reciprocidade entre transformação e conservação permeia as narrativas rosianas, como experiência de liberdade sempre vencida pelo destino – e também como algo a indicar que transformações radicais dependem de Deus ou do Demônio e, portanto, quando e se acontecem, ocorrem bem longe do alcance do arbítrio humano. Depois da morte do pai, a mãe pode ficar com o tio Terez, uma figura aparentemente bem diversa do irmão; mas tudo leva a crer que a mudança do homem não altera nada no reino do homem. Afinal, vigora uma ordem que o ser humano pode acatar ou representar, pode até eventualmente se revoltar contra a sorte; mas da qual ele deve inevitavelmente participar. É assim que tudo se repete: a nostalgia da mãe não tem objeto e o desejo do tio não instaurará uma ordem nova. Se há reflexão, ela corrobora e reitera o curso natural das coisas. Tudo se irradia do humano; mas o que se irradia se insere numa ordem maior com a qual o homem – já o dissemos – comunga, de modo que a força da alma e a força das coisas deitam raízes no mesmo mistério vivido irrefletidamente.

O Dito, irmão de Miguilim, aparece por vezes como a diferença que poderia restaurar um mundo constitutivamente em ruínas. Nele, manifesta-se uma sabedoria que nada explica e tudo compreende, razão pela qual ele é sempre portador de consolo, mesmo na hora de sua própria morte. Não se trata de resignação justificadora, mas de uma visão intuitivamente privilegiada da ordem; um entendimento sem dedução; uma visão da cadeia de acontecimentos anterior e superior a qualquer lógica – e tudo isso feito modo de vida, como o cumprimento da promessa antes e independentemente de que ela seja atendida. Com efeito, não há razões condicionantes para serem analisadas: a determinação do acontecido é inerente ao acontecimento, e quase nunca está no nível da compreensão humana. Essa é a intuição básica que faz com que o Dito entenda a raiva do pai, a tristeza da mãe, as maldades e as bondades do mundo adulto e toda essa ordem tão inexorável quanto desconhecida em sua origem e em sua finalidade. É como se todos soubessem de antemão para quê foram feitos e ao mesmo tempo ignorassem completamente o que os aguarda. A vida é para o que é. E isso que é reflete-se muito mais nas rezas e nas medicinas do que no que é modificado por elas. Pois a reflexão se constitui de dois movimentos indiscerníveis: a interiorização compreensiva da fatalidade e a suspeita da possibilidade. E talvez isso seja natural num mundo em que o futuro já parece vergado ao peso do passado. Assim, quando o pai lastima a vida dura, os acasos da má sorte, o pouco conseguido com tanto sacrifício em terras alheias, a amarga certeza do presente, continuidade do passado, devora as possibilidades do futuro: manifesta-se a velha ideia da vida como provação, o que faz com que as carências materiais e o sofrimento moral não se distingam, como se o mal estivesse inscrito na natureza e a felicidade tivesse de ser sempre a exceção e o milagre. Essa presença de um deus severo é tão próxima quanto incompreensível em seus desígnios. Por isso, a não ser nas ocasiões de cego e temerário impulso, não se questiona a ordem e os efeitos que ela produz sobre as pessoas. A família é o microcosmo em que o destino se manifesta como num universo concentrado, e a consciência que se pode eventualmente adquirir dessa situação pode provocar perguntas, mas não proporciona respostas.

Cumpre perguntar se haveria em Miguilim uma condição especial que o faz um parceiro reflexivo singular da instância narrativa. Certamente ele se distingue dos outros, mas tal diferença não diz respeito a uma maior ou mais profunda penetração na ordem, mas sim, provavelmente, a uma experiência mais direta do curso dos acontecimentos. Não se trata de qualquer qualidade intelectual, nem de uma sensibilidade especial da criança, pois as crianças que rodeiam Miguilim, com a possível exceção do Dito, não partilham dessa visão e não percebem de modo especial aquilo que os afeta. Num universo rigidamente hierarquizado, a condição da criança consiste em tornar-se adulto – e, portanto, não se valoriza qualquer aspecto da singularidade infantil. Pelo contrário, a infância é mais para ser superada do que para ser vivida. O menino deve aprender logo o essencial do universo do homem, que é o trabalho. A menina deve encontrar-se na organização do mundo doméstico em afazeres que são, por natureza, inferiores ao trabalho do homem.

Ora, no caso de Miguilim, o aprendizado e a passagem são vividos de modo dramático. A entrada na vida adulta é, ao mesmo tempo, desejo e fatalidade. Ele quer ajudar o pai, mas os trabalhos de homem são, inevitavelmente, renúncia à infância, e isso não se deve apenas ao caráter precoce da entrada no mundo adulto, mas a uma diferença, intensamente vivida, entre as condições da criança e do adulto. Por isso, as relações com o pai não melhoram quando Miguilim passa a ajudá-lo na roça. A separação se mantém, Miguilim a atribui à conduta do pai, mas é perceptível que a indiferença do pai (que só conversa com o Luisaltino) é correspondida pela distância do menino, como se Miguilim desejasse, inconscientemente, preservar algo que o distingue e que ele pode perder – que inevitavelmente perderá: uma busca que nele se desenha de modo mais nítido que nos demais, que estão confusamente integrados ao mundo. As perguntas que ele faz ao Dito e à mãe não são de fato respondidas; mas é a expectativa frustrada das respostas que o faz perguntar. Talvez se possa dizer que sua relação com as coisas e os outros se singulariza dessa maneira. Uma forma de experimentar o mundo, os outros e a si mesmo que se caracteriza por uma maior proximidade interrogativa, uma insistente perplexidade.

É nesse sentido que sua experiência é reflexiva. Não enquanto pedaços de vida que devem ser juntados pelo pensamento; mas enquanto tentativa de compor sentimentos diversos, que fluem nele em grande parte apesar dele mesmo. Aqui, não cabe a distinção habitual entre consciência irrefletida e consciência reflexiva; um movimento único integra de modo precário os dois aspectos, do que resulta uma unidade problemática da experiência. É essa possibilidade imprecisa de unificação – de vir a conhecer e a conhecer-se – que o leva a buscar respostas. No livro de Paulo César Carneiro Lopes, *Dialética da Iluminação*, o autor se dedica ao exame das respostas que constituem as etapas da travessia de Miguilim: a resposta do Pai; a resposta da Mãe; a resposta do Doutor e a resposta do Dito. A resposta do Pai é a justiça protetora, tal como se constitui a partir do perfil severo do Senhor: "a lei que protege e mata" (Lopes, 2014, p. 53). A resposta da Mãe é a amarga expectativa do amor, do desejo e do sonho, ou o próprio "desejo como sonho de amor" (Lopes, 2014, p. 79). A resposta do Doutor é a descoberta do mundo, a visão iluminada e iluminadora, a razão iluminista, o urbano e o moderno (Lopes, 2014, p. 95). Finalmente, a resposta do Dito, a que a personagem voltará como reminiscência iluminadora, mas à luz da revelação (Lopes, 2014, p. 109).

Etapas de uma travessia que se faz por dentro e por fora, e que se constitui, ao mesmo tempo, como a abertura ao mundo para além do Mutum e a compreensão profunda do universo concentrado que é a origem e a persistência da revelação. Cada uma das respostas parece constituir o centro do mundo, e a sucessão delas mostra que nenhuma o constitui verdadeiramente, fazendo com que Miguilim prossiga em sua busca, desde a espontaneidade reflexiva da criança até a elaboração significativa do adulto. Na impossibilidade de reproduzir em pormenor a análise de Lopes, vamos comentar o que entendemos ser mais relevante.

O pai é a fonte da lei: domina de modo inquestionável a família e os agregados por meio de uma autoridade natural, mas na qual ressoa uma ordem sobrenatural que a legitima. A lei sagrada se sobrepõe claramente à lei civil, inexistente na prática. A identidade das pessoas se constitui nessa ordem e é nesse contexto que elas devem reconhecer a si e aos outros. No batismo, encontramos o nome; na crisma, o confirmamos para que efetivamente sejamos nós mesmos. Não é por acaso que Miguilim faz uma viagem tão longa, junto ao tio Terez, para ser crismado. Também não é por acaso que a Drelina, fiel à lei, cobra de Miguilim a sua identidade. "Você foi crismado, então como é que você chama?" – "Miguilim" – "Bobo! Eu chamo Maria Andrelina Cessim Caz. Papai é Nhô Bernardo Caz. Maria Francisca Cessim Caz. Expedito José Cessin Caz. Tomé de Jesus Cessim Caz. Você é Miguilim Bobo..." (Rosa, 2006, p. 16). Talvez se possa dizer que um dos fios da narrativa consistirá na diferença entre a forma da identidade dos Caz e o conteúdo da identidade de Miguilim, que ele, a princípio, desconhece, por não conhecer o seu nome. O nome é a presença do pai em cada um dos membros da família, não como preceito legal relativo ao registro das pessoas, mas como referência identificadora real. Hierarquia de ordem espiritual, embora consignada na forma do patriarcado: todos se identificam no pai. Desnecessário assinalar que não se trata do aspecto sociológico, mas da ordem natural de uma hierarquia inquestionável. Mas esse patriarcado, aparentemente tão forte e definitivo, revela-se uma casca vazia no contexto da precariedade e da pobreza: fragilidade que aparecerá nos gestos do pai, isto é, assassinato e suicídio.

Sendo o mundo do pai frágil e contraditório, não fornecerá a Miguilim a resposta que ele, sem saber, procura. Aprende com o pai a realidade dura e crua do mundo instituído e, com a mãe, que esse mundo, no qual se impõem a falta e a ausência, é o mundo do desejo. O mundo da mãe é aquele em que se percebe que a realidade não basta e que o que nos falta é muito mais do que o que temos: a carência não é apenas percebida em sua terrível positividade, uma vez que se prolonga no desejo por definição insatisfeito – que gera a nostalgia do que nunca se teve. O predomínio da ausência duplicada em desejo faz com que a resposta também não seja encontrada no mundo da mãe – mescla imprecisa de saudade, de esperança e de desejo. "Estou sempre pensando, diz a mãe, que lá por trás dele acontecem outras coisas, que o morro está tapando de mim e que eu nunca hei de poder ver" (Rosa, 2006, p. 12). Miguilim se compraz com a delicadeza do mundo da mãe e aprende que a tristeza é uma forma de existir. Se o mundo do pai é forte demais, o mundo da mãe é demasiadamente fraco, afinal, nele, Miguilim não encontra a segurança mítica da origem, não se sente protegido. A ameaça, no limite, é a morte, mas não é a morte do pai que nos liberta para o amor da mãe. Por isso, Miguilim deve continuar sua busca pela resposta.

A resposta súbita é revelação. Uma transformação radical da experiência, a partir da própria luz que a ilumina. "– Olha, agora! Miguilim olhou. Nem podia acreditar! Tudo era uma claridade, tudo novo e lindo e diferente, as coisas, as árvores, as caras das pessoas" (Rosa, 2006, p. 130-131). Como se tudo aquilo que faltasse ao mundo para ser real tivesse repentinamente aparecido, uma aparição deslumbrante de completeza e de contentamento. Não que o mundo estivesse sendo visto agora pela primeira vez: as coisas e as pessoas já eram conhecidas de Miguilim, por meio da carência de visão que constituía o seu mundo. O que há de novo é a admiração e o espanto decorrentes da visão iluminada: será preciso ainda distingui-la da outra, explorá-la em sua significação, além de admirá-la em sua aparição. Mas a revelação se apresenta, primeiramente, como aquilo que está para além e para aquém de todas as razões, isto é, de todas as carências de compreensão. Talvez o que de mais importante o Dr. Miguel venha a aprender é que na origem de toda compreensão ou de toda exploração analítica do mundo está sempre a revelação primordial que não nos faz saber o que as coisas são, mas apenas que são, numa simplicidade que resplandece.

Simplicidade que está prestes a desaparecer. O Doutor José Lourenço voltará na manhã seguinte e "você, querendo, ele junto te leva (...) o doutor era homem muito bom, levava Miguilim, lá ele comprava uns óculos pequenos, entrava para a escola, depois aprendia ofício. – Você mesmo quer ir?" (Rosa, 2006, p. 131). É a mãe que decide, Miguilim não sabia, mas a decisão da mãe talvez responda a um desejo secreto do menino, como se ele pressentisse na nova vida que se apresentava mais uma ocasião para buscar as respostas. Agora, a resposta do Doutor – que será uma resposta de doutor, isto é, que Miguilim encontrará no mundo da razão e da cidade, na positividade da ciência, na superação dos mitos. Mas não no esquecimento da revelação: "Dito e a Cuca Pingo-de-ouro" se fazem presentes nessa transição para a exploração da visão renovada, como que para não deixar que Miguilim esqueça por completo a luz carente do mundo vivido, a expressão originária das coisas e a sabedoria que conserva o enigma como sinal de verdade. Por isso, a "resposta do Dito" virá por último. Para entender essa espécie de retorno à revelação, já a partir da razão que pretenderia superá-la, teríamos de seguir o fio do enredo de "Buriti", o que não podemos fazer neste momento. Mas valemo-nos das palavras de Lopes para antecipar o tempo dos acontecimentos.

> Miguilim foi com o doutor e aprendeu o seu saber. Mas este não lhe foi suficiente. Este também não lhe deu sentido para a vida. A voz de seu povo estava muito forte em seus ouvidos. Seus lamentos, suas festas, suas alegrias, suas dores. Os gritos de dor e de alegria. E o Doutor Miguilim (já era o Doutor), enfim se abriu para a revelação do outro pobre. [...] O Doutor se abriu para a revelação do Dito. (Lopes, 2014, p. 108)

Dito: Benedito, bendito. Na travessia da revelação para a razão, ou da promessa para a previsão, ou da palavra semeada para a palavra colhida, a resposta do Dito se interpõe de modo singular: não impede que Miguilim se torne o Doutor Miguel; mas não permite que o saber substitua inteiramente a promessa e a revelação. E é por isso que a sabedoria do Dito, logicamente anterior ao saber constituído, aparece depois deste, se não como desmentido, ao menos como uma afirmação irredutível do outro que o Doutor Miguel trará em si, e que não é apenas o menino Miguilim, mas todo o universo concentrado do Mutum, que revela então a sua força: há mundo além do sertão? Não serão os morros do Mutum aquilo que define os horizontes da finitude verdadeira, a abertura para o inalcançável? Ao realizar o desejo da mãe – ver o que há além desses morros – Miguilim entende que essa expansão da visão do mundo não é necessariamente a verdade do mundo – que estaria, talvez, mais bem resguardada no desejo da mãe do que na ciência do Doutor.

Daí a demora em compreender o Dito: o que estava dito nas palavras do Dito, que Miguilim não conseguira acompanhar nos atos de dizer de seu irmão. Assim como as promessas devem ser cumpridas antes, assim também o que é dito deve ser compreendido no ato de dizer, antes que este se complete – e se oculte. O drama do Doutor Miguel será, então, ter de retornar ao Mutum para lembrar, isto é, ouvir de novo o dizer do Dito: tarefa impossível, mas que pelo menos reitera ao Doutor o vazio de sua "descoberta do mundo" no contexto do saber e dos ofícios. Assim, entendemos a ambiguidade da revelação: a claridade que invade o mundo como a surpresa da luz inesperada, será, em sua espontaneidade, alterada pela reflexão do adulto. Pudera Miguilim viver naturalmente a luz que se fizera! Mas o preço já estava acertado: "ele junto te leva" óculos, escola, ofício... e tudo mais que se seguir até a descoberta do amor em "Buritis". Há uma diferença entre a luz e o que ela ilumina, permitindo que se olhe, a princípio: "E Miguilim olhou para todos com tanta força" (Rosa, 2006, p. 133) os matos escuros, o feijão bravo, o céu, o curral, o quintal; o gado pastando perto do brejo florido de são-josés, o verde dos buritis, na primeira vereda. "O Mutum era bonito! Agora ele sabia" (Rosa, 2006, p. 133). Agora, quer dizer, no momento de partir, não apenas para um outro lugar, mas para uma outra vida – e seus olhos, por trás dos óculos, deveriam acostumar-se a realidades bem diferentes. Mas o que o Dito dissera fora suficientemente forte para que o menino Miguilim acompanhasse, de alguma forma, o Doutor Miguel em sua assimilação positiva do mundo, e suficiente também para que esta experiência "civilizada" não anulasse em sua alma a existência primeira ritmada pelas palavras do Dito.

"Guimarães Rosa é, para seus leitores, uma linguagem e um universo" (Prado Jr, 2000). Para além das conotações óbvias dessa afirmação de Bento Prado Jr., podemos entendê-la também como reafirmação, por outras vias, do tema que estamos tratando, narração e reflexão, relação que, de alguma maneira, separa e une a existência narrada e o ritmo (a modulação) de uma linguagem que descreve e que reflete. O estatuto do texto narrativo em Guimarães Rosa tem sido objeto de muitas discussões, que servem para equacionar as dificuldades. Uma das interpretações correntes é aquela que coloca frente a frente duas posições: o sertanejo iletrado que tenta trazer à fala uma experiência em muitos pontos irredutível às categorias habituais de significação; e o interlocutor, homem culto da cidade que, ao ouvir, necessariamente traduz para o seu repertório a fala do outro, na tentativa de decifrar seu sentido. Isso coloca a narrativa na perspectiva da interlocução e, assim, confere a essa relação a virtude de fazer brotar o sentido. Em *Grande Sertão: Veredas*, o interlocutor de Riobaldo não se manifesta, mas este é sempre perfeitamente capaz de captar o que lhe vai no espírito como interpretação de sua própria fala. Como se, além de falar, nos adiantasse algo acerca da escuta do outro. Essa característica deveria nos alertar para o fato de que o interlocutor não será tanto o decifrador do sentido da narrativa, mas aquele que poderia penetrar num sentido já constituído, embora por via de distorções expressivas da própria linguagem da narrativa. Assim, a oralidade primitiva não depende, explícita ou implicitamente, de uma tradução escrita como uma ordem que lhe desvende a essência, isto é, a própria linguagem, em sua expressão originária, fala na fala do homem do sertão. Para isto, é preciso neutralizar "a experiência corrente da linguagem", para que esta retorne a si mesma, a uma espécie de "fala falante" em sentido radical, isto é, inteiramente não instrumental (Merleau-Ponty, 2002).

> Talvez pudéssemos definir esta literatura que é a obra de Guimarães Rosa, como a tentativa de recapturar, no interior da escrita, a Escritura que a precede, devolvendo à linguagem sua condição de sujeito. (Prado Jr, 2000, p. 177)

O que nos interessa nessa citação é, sobretudo, a ideia da linguagem em sua condição de sujeito, oposta à noção habitual de sujeito da linguagem. Fixemos por um momento nossa atenção na pergunta de Miguilim: "Mãe, mas por que é, então, para que é, que acontece tudo?!" (Rosa, 2006, p. 132). O que, por que, para que: são perguntas irrespondíveis, uma vez que supõem que "o que acontece" estaria entronizado na linguagem, correspondendo, assim, a uma identificação entre o ser e o dizer. Percebe-se que as três perguntas referem-se ao sentido e poderiam ser resumidas em uma só: o sentido da existência. Resposta do pai, resposta da mãe, resposta do Doutor: todas insuficientes. A resposta do Dito se destaca das demais não por ser a resposta do Dito, irmão de Miguilim, mas porque foi o objeto do dizer do Dito, aquilo que escapava a Miguilim, e que ele tentará recuperar ao lembrar-se do irmão não como aquele que falava certas coisas, por vezes arrevezadas, mas como as palavras que eram faladas por ele. O Dito é o dito, isto é, algo que por meio dele é dito: revelação. O que poderia haver de excepcional na figura do Dito é que o alcance de sua fala escapa a ele mesmo, e não somente a Miguilim e aos outros. Algo fala por ele e por meio dele. No ambiente do Mutum, tudo é animado: as fronteiras entre os gêneros da realidade não são nítidas, e os homens mantêm uma relação intensamente afetiva com os animais e as plantas, como no exemplo dos cães da família, do touro e também dos animais hostis, como as cobras. É preciso saber ver e ouvir, o que só se aprende no contato com os próprios elementos, em meio ao perigo e ao risco. É primeiramente nesses vínculos primários que o mal e o bem se destacam e tornam-se critérios das relações. O Mutum é o universo concentrado em expressão que está aquém da dicotomia natural/sobrenatural.

Ora, ver e ouvir, na acepção mais radical, é viver a expressão originária das coisas. Loucos, curandeiros e beatos exercem essa função, ou melhor, a ela estão destinados. O destino é aquilo que não se sabe por ser a coisa mais certa, além de todo saber. É uma certeza desse tipo que se revela na fala do Dito – e esse é o motivo pelo qual Miguilim não se conforma com a sua morte. O tempo do luto é insuficiente para fazer esquecer a verdade. Assim, quando o Doutor Miguel retorna à "resposta do Dito", o que encontra, antes de tudo, são as verdadeiras interrogações que, por serem de ordem mística, nunca se exprimem na linguagem comum. Então, se a voz narrativa é a de Miguilim/Miguel, expressa indiretamente, isso quer dizer que a grande perda foi daquilo que falava no Dito, e que no texto de Bento Prado é nomeado como a "linguagem" – o que cremos que deva ser entendido como a expressão, ainda impessoal, do sertão-mundo, da realidade visível e falante. E a expressão daquilo que não se sabe o que é (por que e para que acontece) é o que o Doutor Miguel desejaria ouvir e ver, depois de ter visto e ouvido as respostas que lhe ofereceu o mundo organizado da razão. A linguagem é expressão (e não somente expressiva) quando o que é dito provém de um dizer singular: falar e refletir num único ato. É por isso que o sentido, absolutamente imanente, não será encontrado nos artifícios que transcendem a identidade entre existência e linguagem. Tal identidade seria a fala das origens, da unidade perdida ou a fonte da criação, sempre presente e intensa em sua continuidade, a presença oculta da alma, o pensar latente e latejante, isto é, a "sua sombra, o homem exterior que geme, se lamenta e desempenha todos os papéis neste teatro de palcos múltiplos que é a terra inteira" (Plotino, citado na epígrafe do *Corpo de Baile*). Da sombra à luz: caminhos e tentativas talvez frustrados, apesar das intermitências da iluminação que pontuam a vida da personagem.

Referências bibliográficas

LOPES, Paulo César Carneiro. *Dialética da Iluminação. Estudo do Corpo de Baile de Guimarães Rosa*. São Paulo: Ed. Nankin, 2014.

MERLEAU-PONTY, Maurice. *A Prosa do Mundo*. São Paulo: Cosac & Naify, 2002.

PRADO JR., Bento. "O Destino Decifrado. Linguagem e existência em Guimarães Rosa". In: *Alguns Ensaios: Filosofia, Literatura, Psicanálise*. São Paulo: Paz e Terra, 2000.

ROSA, João Guimarães. *Corpo de Baile*. v. 1. Edição comemorativa 50 anos 1956-2006. Rio de Janeiro: Editora Nova Fronteira, 2006.

IDENTIDADE NARRATIVA E ÉTICA DE MIGUILIM NA OBRA "CAMPO GERAL"

José Roque Junges[1]
Carolina Alejandra Molina Reyes[2]

Introdução

Guimarães Rosa caracteriza-se por ter resgatado simbolicamente o universo do sertão ao nível da linguagem, com o intuito de mostrar que nele se encontra a alma originária e verdadeira do Brasil, a ser não superada e negada como sinal do atraso, mas redescoberta no discurso como valor de identidade. Motivado por essa perspectiva, o autor retrata personagens e situações típicas do sertão mineiro. Nesse peculiar contexto, ele privilegia, como expressões emblemáticas do humano, indivíduos caracterizados pela fragilidade e insignificância social, como loucos, doentes, mulheres, crianças, todos eles marginalizados por uma cultura centrada no homem adulto, detentor da força e do monopólio da violência, esculpido na figura do jagunço.

Com esse objetivo, Rosa pinta, por exemplo, o universo feminino numa variedade de fortes personalidades que expressam o papel e a posição da mulher numa sociedade patriarcal. Complementar a esse universo é o mundo infantil do sertão fotografado por multicoloridas feições de crianças em seus brinquedos, em seu contato com a natureza, em seu enfrentamento com o

---

1. Filósofo, professor e pesquisador de Bioética no PPG de Saúde Coletiva da Universidade do Vale do Rio dos Sinos – Unisinos.
2. Estudante, graduanda em Filosofia na Universidade do Vale do Rio dos Sinos – Unisinos. Bolsista de Iniciação Científica.

mundo dos adultos. Entre esses rostos, sobressai a figura de Miguilim no conto "Campo Geral" de *Corpo do Baile*. A configuração da sua identidade pela inserção e afrontamento do universo adulto, expressa o típico itinerário e o mundo imagético de vivências de uma criança do sertão. Essa identidade é construída pela trama narrativa de sua subjetivação frente aos desafios que lhe são postos pela realidade familiar, cujo enfrentamento constrói autonomia e lhe confere identidade ética por meio do narrar. Esse processo está espelhado na parte central do conto, quando Miguilim encontra-se diante do dilema de passar para sua mãe o bilhete mandado à entrega por seu tio paterno Terêz, no qual declara amor por ela.

O capítulo pretende mostrar no texto como é construída a identidade de Miguilim pela narração e como essa subjetivação configura-se como uma identidade ética. Para essa análise serão utilizados conceitos da filosofia hermenêutica de Paul Ricoeur.

Identidade narrativa e identidade ética

Ricoeur respondeu ao problema de como conjugar o mesmo (*idem*) e o diferente (*ipse*) de uma identidade pessoal que se desenvolve no tempo. Para explicitar essa identidade na temporalidade, ele recorre ao paradigma narrativo (Ricoeur, 1983, 1984, 1985). Assim, a identidade tem duas dimensões: uma identidade-idem (mesmidade) que denota a mesma unicidade numérica nas diversas ocorrências da vida e uma identidade ipse (ipseidade) que é explicitada pela coerência da história cambiante de vida, possibilitada pela narração. Essa história é temporal e tecida por um sujeito de ações. Como a constituição dessa identidade é construída no tempo e identifica-se com o agente, autor da ação, ela é sempre ética (Ricoeur, 1990).

Para Ricoeur, a identidade é uma categoria prática, pois a identidade de um indivíduo aparece com a pergunta: "*Quem fez tal ação?*". O autor se reconhece na ação que o identifica. Mas responder à pergunta "*Quem?*" significa contar a história de uma vida e, nesse sentido, a identidade é sempre narrativa. Assim, ele desloca a subjetividade, entendida na modernidade como suporte de estados anímicos, para o foco da ação que identifica o indivíduo, dando à identidade uma conotação prática (Sánchez, 2000, p. 207-227; Nascimento, 2011, p. 48-62; Lisboa, 2013, p. 99-112). Nesse sentido, Ricoeur identifica o humano e o "si mesmo" com a ação, propondo uma antropologia da capacidade humana de agir, uma antropologia do homem capaz (Ricoeur, 1988; Casarotti, 2008), que responde à pergunta pelo "*Quem?*" da ação a ser identificada e narrada.

Quem é o si da ação? Alguém capaz de manter promessas no tempo e ser responsabilizado por elas. Desse modo, a coerência da identidade do *idem* e do *ipse* adquire um substrato ético pela promessa e pela responsabilidade. O indivíduo é aquele que, apesar das diferenças e intermitências do tempo, mantém aquilo que promete e se responsabiliza por aquilo que faz. Assim, a identidade pessoal é configurada por uma história de vida revelada pelos percalços da ação, mas que adquire a unidade do "si mesmo" (ipseidade) pela narração.

> Ricoeur concebe o indivíduo humano como um sujeito corporificado, capaz de iniciar e sofrer ações e ser responsabilizado por elas. Enquanto agente, a pessoa tem uma história de vida, uma vida social, projetos de vida e uma identidade pessoal que muda através do tempo. (Nascimento, 2011, p. 50)

Essa identidade pessoal identifica-se com a ipseidade, construída a partir da mesmidade, dando coerência ao si mesmo nas mudanças possibilitadas pela ação no tempo, mas unificadas pelo sujeito da ação.

Desse modo, a ipseidade caracteriza-se pela capacidade de agir e pela correspondente adscrição da ação ao agente que responde à pergunta "Quem" da ação, compreendendo a *locução* sobre o que faz (capacidade de atos de fala) e a *interlocução* com outro sobre o que fez (capacidade de ser imputado de uma ação), possibilitadas pela linguagem como uma instituição social de intercomunicação. Além disso, a *memória*, que recorda o já feito (capacidade de recordar: sujeito da ação no passado), e a *promessa*, que cria espaços de segurança quanto às ações futuras (capacidade de prometer: sujeito da ação no futuro), facilitadas pela narração como recurso pessoal de identificação. Essas quatro instâncias estão presentes na identidade pessoal como ipseidade (Nascimento, 2011; Lisboa, 2013).

O modo de permanência de um sujeito no tempo (ipseidade) é possibilitado pela memória das suas ações já realizadas, sobre as quais se responsabiliza como autor, e pela promessa quanto às ações a realizar pelas quais se compromete. Essa identificação pessoal acontece por meio da narração, mas o que dá coerência a essa identidade narrativa é a identidade ética presente na responsabilidade e na promessa. A possibilidade de assumir as ações como sujeito (identidade narrativa) na narração torna-se ética (identidade ética) quando, por meio da memória, o sujeito se responsabiliza pela irreversibilidade das suas ações e pela promessa que assegura a sua efetivação diante da imprevisibilidade das suas ações (Arendt, 1983).

Para Ricoeur, a promessa não é uma pura locução (ato de fala), mas uma interlocução (ato de ser imputado), isto é, um compromisso, pois o falante se sente obrigado a realizar o conteúdo da locução. Essa manutenção da palavra dada assegura a permanência do si mesmo como mantenedor da promessa feita, fazendo com que o outro possa contar com o sujeito da promessa e fazendo deste um sujeito responsável por suas ações. Portanto, a responsabilidade contida na promessa compreende um "contar com" e um "ser responsável". Desse modo, é a capacidade de prometer e de se responsabilizar que estabelece a durabilidade e a continuidade das relações humanas a partir de uma identidade pessoal que é ipseidade, não pura mesmidade, possibilitada por um sujeito que narra e se compromete por suas ações (Nascimento, 2011).

Itinerário narrativo e ético de Miguilim

O conto "Campo Geral", que retrata o itinerário existencial do menino Miguilim, inicia com uma descrição do lugar Mutum, onde se desenrola a história e o contexto familiar em que acontecem os fatos relatados. Após ser crismado, Miguilim traz o comentário de um homem que dissera que "o Mutum era lugar bonito" (Rosa, 1984, p. 14), e queria contar isso à mãe, pois ela achava que era um lugar feio e triste, o que o desapontava. Quanto às relações familiares, Miguilim sofria as contrariedades do mundo adulto, principalmente as ameaças do seu pai, os desvarios de seu tio Terêz e, como consequência, os sofrimentos da sua mãe. "Miguilim tremia receando os desatinos das pessoas grandes..." (p. 28), o que o fazia viver no receio e na tristeza. Por isso, "Miguilim não tinha vontade de crescer, de ser pessoa grande, a conversa das pessoas grandes era sempre as mesmas coisas secas, com aquela necessidade de ser brutas, coisas assustadas" (p. 38-39).

Mas, nesse contexto familiar de contínuas ameaças e receios, o irmãozinho Dito era o seu amigo, confidente e conselheiro, afinal, "Dito era levado de esperto... Dito era a pessoa melhor" (p. 25). Dormiam no mesmo quarto e conversavam à noite: "– Dito, vamos ficar nós dois, sempre um junto com o outro, mesmo quando a gente crescer, toda a vida?" (p. 37). Miguilim se projetava no Dito, dependia dele para ver a realidade, enxergando as coisas por meio dos seus olhos. Dito era o *alter ego* de Miguilim.

> O Dito, menor, muito mais menino, e sabia em adiantado as coisas com uma certeza, descarecia perguntar. Ele, Miguilim, mesmo quando sabia, espiava na dúvida, achava que podia ser errado. Até as coisas que ele pensava, precisava de contar ao Dito, para o Dito reproduzir, com aquela força séria, confirmada, para então ele acreditar mesmo que era verdade. (p. 86-87)

Dito expressa a certeza, e Miguilim a dúvida. Por isso, necessitava perguntar a toda hora e contar tudo para o Dito. A dúvida, o perguntar e o contar são os recursos de seu itinerário existencial.

O foco do conto é o itinerário de formação da autonomia ou a constituição da identidade de Miguilim por meio da narração de seus comportamentos em relação a si mesmo e aos outros, tornando ética essa identidade narrativa, uma vez que se trata da narração de sua vida para se converter em sujeito agente. O conteúdo central é dividido em três partes: 1) a doença e cura de Miguilim (p. 45-65); 2) o desafio ético de Miguilim em entregar o bilhete apaixonado do tio Terêz à sua mãe, que é a parte nuclear do conto (p. 71-83); 3) a doença e morte do Dito e suas consequências para o itinerário de Miguilim (p. 101-138). A parte conclusiva relata a chegada de um viajante que o convida a partir junto a ele à cidade, deixando Mutum (p. 139-142).

A base para a formação da identidade e a aquisição da autonomia é a superação da etapa narcísica, representada em Miguilim pela sua doença.

> Mas então Miguilim estava mesmo de saúde muito mal, quem sabe ia morrer, com aquela tristeza tão pesada, depois da chuva as folhas de árvores desbaixavam pesadas. Ele nem queria comer, nem passear, queria abrir os olhos escondido. Que bom, para os outros – [...] – nenhum estava doente. Só ele Miguilim, só. [...] Sempre cismava medo assim de adoecer, mesmo era verdade. Todo mundo conhecia que ele estava muito doente, de certo conversavam. (p. 45)

Por essa situação de adoecimento, Miguilim mostrava-se carente e era objeto de solicitude da mãe, da vó Izidra e dos irmãozinhos. Pergunta para a Rosa o que significa héctico: "é tísico, essas doenças, derrói no bofe. Pessoa vai minguando magra, não esbarra de tossir, chega cospe sangue..." (p. 50). A partir dessa constatação, se convence de que "... ia morrer, mesmo, o remédio de seo Deográcias não adiantava... vinha era toda a ideia ruim das coisas que estão por acontecer" (p. 51). Já que ele tinha de morrer, "ele rezava pedindo: combinava com Deus, um prazo que marcavam..." (p. 52). Assim, combina um prazo de dez dias para morrer, iniciando uma novena que "Ele queria, lealdoso. Deus aprovava" (p. 53). Os dias foram passando e a morte não ia acontecendo. Miguilim foi deixando de se esconder e apartar-se da companhia dos outros como antes apreciava, começando a estar presente nas miúdas obrigações do dia a dia da família. Perguntava para o Dito: "– Você quer me ver eu crescer, Dito? Eu viver, toda a vida, ficar grande? – Demais" (p. 61).

Chegou o derradeiro décimo dia em que ele ia morrer e, por isso, não queria levantar da cama. Todos o queriam fazer comer bastante das melhores comidas, mas ele ensimesmado: "Mas Miguilim estava chorando simples, não era medo de remédio, não era nada, era só a diferença toda das coisas da vida... Mas eu vou morrer, Drelina. Vou morrer hoje daqui a pouco..." (p. 63). Chamam o curandeiro Aristeu que o examina e diz que ele pode morrer daqui a setenta anos. A tísica não acontece nas Gerais pelo bom ar. Por isso manda: "Te segura e pula Miguilim, levanta já. Miguilim dividido de tudo, se levantava mesmo, de repente são, não ia morrer mais enquanto seo Aristeu não quisesse. Todo ria. Tremia de alegrias" (p. 64). "Vai o que você tem é saúde grande ainda mal empenada" (p. 65).

A doença foi o recurso usado por Miguilim, fazendo-se carente e necessitado para poder sobreviver naquele mundo adverso dos adultos. O desmascaramento desse recurso pelo curandeiro Aristeu ajudou a superar esse ensimesmamento. Assim, Miguilim assume a vida, comprometendo-se com tarefas e reconciliando-se momentaneamente com o pai: "– Pai, quando o senhor achar que eu posso, eu venho também, ajudar o senhor capinar roça..." (p. 69). Aqui começa a nova etapa da vida de Miguilim: a constituição da sua identidade e autonomia, uma vez superada a etapa do seu encapsulamento narcísico.

Comprometendo-se com as tarefas familiares, Miguilim se encarrega de levar a comida ao pai que estava capinando numa roça distante. Nessa situação, de tomar a vida em sua mão, enfrenta um grande desafio ético que o obrigará a deliberar o melhor caminho e a ser sujeito de suas ações. Vai sozinho, por caminhos tortuosos, atravessando campos e matas. Num dia se lhe aparece o tio Terêz, saído de seu esconderijo na mata, pois o pai o tinha expulsado de casa por seu relacionamento próximo com a mãe. Miguilim gostava do tio que, tratando-o com carinho e abraçando-o, disse:

"Te tive sempre meu amigo?" (p. 70), querendo saber notícias da casa, da mãe. Num certo momento tio Terêz toma o queixo de Miguilim, olha no seu olho e lhe entrega um bilhete, dizendo: "– Você vai, Miguilim, você leva, entrega isto aqui à mãe, bem escondido, você agarante?! Diz que ela pode dar resposta a você, que mais amanhã estou aqui, te espero" (p. 71).

Miguilim não perguntou nada, nem queria pensar nisso, seguiu seu caminho, colocou na algibeira o bilhete, que se tornou para ele uma preocupação e um tormento contínuos, porque já conhecia as reações violentas do pai em relação a esse relacionamento. Dali em diante, Miguilim refletia sobre o que fazer: entregar à mãe não podia, pois era pecado e judiação com o pai, rasgar o bilhete não podia porque havia prometido ao tio, o jeito era não levar comida ao pai, fazendo-se de doente para não encontrar o tio. A preocupação era tanta que "Miguilim todo tempo quase não pensava no bilhete, resolvia deixar para pensar no outro dia, manhã cedo" (p. 73).

O irmãozinho Dito será a referência para essas reflexões de Miguilim sobre o que fazer, sem, contudo, revelar a ele de que se tratava. Tinha dúvidas sobre os dois personagens implicados no dilema: o pai e ele mesmo, por isso, perguntava ao Dito se o "– Pai é dono, Dito, de mandar nisso tudo... – Pai não é dono nenhum, Miguilim" (p. 74), responde o Dito, pois o pai trabalha para tomar conta de propriedade que é de outro. Portanto, o pai não é dono das terras e, logo, não manda nas pessoas que nela vivem. Essa é a causa da ira e raiva contínuas do pai. Ser dono tem aqui um significado simbólico. Outra dúvida é quanto à sua capacidade de fazer um juízo: "– Dito, mesmo você acha, eu sou bobo de verdade? – É não, Miguilim, de jeito nenhum. Isso mesmo que não é. Você tem juízo por outros lados..." (p. 74). Resolvidas essas dúvidas, Miguilim pergunta e interroga vários personagens do seu contexto de relações, a começar pelo Dito, a Rosa, a mãe, o vaqueiro Jé e o vaqueiro Saluz sobre o que é agir mal. Essas perguntas estão na primeira coluna do quadro seguinte. A segunda coluna apresenta a narração da deliberação e decisão ética a que Miguilim chegou sobre a entrega ou não do bilhete.

PERGUNTAS ÉTICAS DE MIGUILIM SOBRE O QUE É AGIR MAL	NARRAÇÃO DA DELIBERAÇÃO E DECISÃO DE MIGUILIM
1. "**Dito**, como é que a gente sabe certo como não deve de fazer algumas coisas, mesmo os outros não estando vendo? **A gente sabe, pronto.**" (p. 74)	"Tio Terêz, **eu entreguei o bilhete a mãe, mas mãe duvidou de me dar a resposta. Ah, de jeito nenhum, podia não, era levantar falso à mãe, não podia.**" (p. 81)
2. "**Rosa**, quando é que a gente sabe que uma coisa que vai não fazer é mal feito? **É quando o diabo está por perto.**" (p. 74)	"Tio Terêz, **Vovó Izidra vinha raivava, eu rasguei o bilhete com medo d'ela tomar, rasguei miudinho, tive de jogar os pedacinhos no rego, foi de manhazinha, a Rosa estava dando comida às galinhas.**" (p. 82)
3. "**Mãe**, o que a gente faz, se é mal, se é bem, ver quando é que a gente sabe? Ah! Meu filhinho, **tudo o que a gente acha muito bom mesmo fazer, se gosta demais, então já pode saber que é mal feito...**" (p. 75)	"Tio Terêz, a gente foi a cavalo, costear o gado nesses pastos, passarinhos do campo muito cantavam, o Dito aboiava feito vaqueiro grande..., ai, o bilhetezinho de se ter e não perder, eu perdi." (p. 82)
4. "**Vaqueiro Jé**: mal feito como é, que a gente se sabe? Menino **não carece de saber**, Miguilim. Menino, **o todo quanto faz, tem de ser mesmo é malfeito.**" (p. 75)	"Tio Terêz, **eu principiei querer entregar a mãe, não entreguei, inteirei coragem só por metade.**" (p. 82)
5. "**Vaqueiro Salúz** vinha cantando bonito, ele era valente geralista. A ele Miguilim perguntava. '- Sei se sei, Miguilim? Nisso nunca imaginei. Acho quando os olhos da gente estão querendo olhar para dentro só, quando a gente não tem dispor para encarar outros, quando se tem medo das sabedorias... **Então, é mal feito.**'" (p. 75)	"Tio Terêz **eu não entreguei o bilhete, não falei nada com mãe, não falei nada com ninguém... O bilhete está aqui na algibeira de cá, o senhor pode tirar ele outra vez.**" (p. 83)
6. Dito: "Olha: pois agora que eu sei, Miguilim. **Tudo quanto há, antes de se fazer, às vezes é malfeito; mas depois que está feito e a gente fez, aí tudo é bem-feito...**" "O Dito, porque não era com ele. Fosse com ele, desse jeito não caçoava." (p. 75)	

As perguntas de Miguilim são sobre os sinais de agir mal que se identificam com a oportunidade que o momento revelará (Dito) com a presença do diabo (Rosa), com a presença do prazer (mãe), com a constatação de que menino sempre age mal (vaqueiro Jé), com o fato de só olhar para dentro de si e não encarar os outros (vaqueiro Saluz). Miguilim está deliberando sobre o que fazer em relação ao bilhete do tio Terêz, uma vez que não quer agir mal. A segunda coluna aponta para o resultado da deliberação. É interessante notar que as perguntas começam com o pequeno Dito, como não podia deixar de ser, pois ele é, nesse momento, a consciência de Miguilim, terminando com um comentário dele que desaponta Miguilim, quando este reage dizendo que Dito deve estar caçoando, porque a coisa não é com ele. Pouco depois, Miguilim reflete sobre essa conversa dizendo:

> Quando o Dito falou, aquilo devagar ainda podia parecer justo, o Dito sabia tanta coisa tirada de ideia. Miguilim se espantava. Menos agora. Agora ele excogitava, cismava que não era só assim, o do Dito, achava que era o contrário. A ver com ele Miguilim era o contrário. (p. 76)

É a primeira vez que ele toma distanciamento do Dito, processo que vai se aprofundar pouco depois, quando bate no Dito (p. 96), embora se arrependa em seguida e imponha a si mesmo um castigo. Entretanto, a sua independência acontecerá verdadeira e sofridamente com a morte do Dito.

Miguilim não estava de acordo com o comentário final do Dito, quando este afirma que "tudo quanto há, antes de se fazer, às vezes é malfeito; mas depois que está feito e a gente fez, aí tudo é bem-feito" (p. 75), porque corresponde à etapa narcísica, superada por ele na recuperação da doença em que o sujeito é o critério do certo. A esse princípio, Miguilim contrapõe: "A coisa mais difícil que tinha era a gente poder saber fazer tudo certo, para os outros não ralharem, não quererem castigar" (p. 76). Ao princípio do prazer do Dito, contrapõe o princípio da realidade dos outros, das imposições heterônomas dos adultos. Miguilim está na etapa em que agir certo é respeitar regras do entorno familiar. Ainda não atingiu a autonomia que conquistará mais tarde com o desaparecimento do Dito.

Embora Miguilim não tenha ainda alcançado verdadeira autonomia, ele assumiu a resposta ao desafio que lhe foi posto, tornando-se sujeito agente de sua deliberação de sopesar todas as respostas possíveis e de sua decisão de entregar o bilhete de volta ao tio Terêz. O núcleo do problema ético era a promessa feita ao tio, mas que ele soube analisar a partir das consequências de cada uma das possibilidades e assumir responsavelmente a única resposta possível, que respeitasse as regras sociais da família sem olhar para a possível reação do tio frente à devolução do bilhete. Expressar essa decisão levou Miguilim às lágrimas, mas o tio olhou para ele e disse: "Miguilim, Miguilim não chora, não te importa, você é um menino bom, menino direito, você é meu amigo... Você é que está certo, Miguilim. Mas não queira mal ao seu tio Terêz, nem fica pensando..." (p. 83).

Para a etapa moral em que Miguilim se encontrava, "agir bem é ser um menino bom e direito que respeita as regras familiares", essa resposta de aprovação por parte do tio era o que ele necessitava. Com essa decisão pensada e sopesada pessoalmente numa deliberação interior e expressa com responsabilidade ao tio, Miguilim constitui a sua identidade que se manifesta como ética, pois nela ele se assumiu como sujeito da sua ação, processo narrado pela resposta à pergunta: "Quem fez tal ação?". O nó da questão para se assumir como sujeito da ação, conformando a sua identidade, foi o desafio ético da promessa de confiança diante do tio, mas também diante dos familiares e da respectiva deliberação e decisão de não entregar o bilhete, movido pela responsabilidade perante as relações familiares. Para deliberar, Miguilim sopesou as consequências de cada uma das possibilidades e se decidiu por aquela que preserva a promessa de confiança pelo respeito às regras do entorno familiar. Mesmo com a partida do tio Terêz, essa convivência familiar é de novo afetada pela chegada de Luisaltino, que "conversava sozinho com mãe... mas Miguilim desses assuntos desgostava. De certo ele não achava defeito nenhum em Luisaltino" (p. 91), que veio para ajudar o pai na roça.

Alcançada a identidade narrativa, "Miguilim de repente começou a contar estórias tiradas da cabeça dele mesmo" (p. 92) e continuava a fazer perguntas sobre o certo e o errado ao Dito: "Miguilim perguntava demais da conta" (p. 98), mas, de noite, no canto da cama, Dito dava a resposta: "O ruim tem raiva do bom e do ruim. O bom tem pena do ruim e do bom... Assim está certo" (p. 99). Miguilim queria saber de seus acessos de raiva que começavam a surgir, Dito não sabia, mas considerava: "Só quem é bronco carece de ter raiva de quem não é bronco; eles acham que é moleza, não gostam... eles têm medo que aquilo pegue e amoleça neles mesmos – com bondades" (p. 99). Miguilim volta a perguntar: "– E a gente Dito? A gente? – A gente cresce, uai. O mole judiado vai ficando forte, mas muito mais forte! Trastempo, o bruto vai ficando mole, mole..." (p. 99). O mole judiado que é o seu caso vai ficando forte. Alcançada a identidade, Miguilim se defronta com os impulsos de raiva e de violência que vão surgindo, o que é esperado por parte de qualquer homem naquele contexto de sertão, mas que ele não sabe ainda como lidar. Esses impulsos de *thanatos* são a nova realidade que o homem em gestação Miguilim enfrentará até o fim do conto.

Nesse entretempo acontece a doença de Dito, que "pisou sem ver num caco de pote e cortou o pé: na cova-do-pé, um talho enorme, descia de um lado, cortava por baixo, subia da outra banda... Miguilim ficava tonto de ver tanto sangue" (p. 101). Miguilim só queria ficar com o Dito, mas ele mandava saber das coisas que estavam acontecendo. Depois de uma pequena melhora, Dito "adoeceu muito, começou a chorar – estava sentindo dor nas costas e dor na cabeça tão forte, dizia que estava enfiando um ferro na cabecinha dele. Tanto gemia e exclamava, enchia a casa de sofrimento" (p. 102). Miguilim não queria mais ajudar nas tarefas, só ficar perto da cama do Dito para contar estórias, e o Dito gostava:

> Conta mais, conta mais... Miguilim contava sem carecer de esforço, estórias compridas que ninguém nunca tinha sabido, não esbarrava de contar, estava tão alegre nervoso, aquilo para ele era o entendimento maior. (p. 104)

Miguilim entendia melhor e compreendia a realidade ao transliterar numa estória contada. O Dito mandava ir lá fora para trazer a ele o que estava acontecendo. Assim vai acontecendo uma transformação, pois antes Miguilim via por meio dos olhos do Dito e agora é este que enxerga pelos olhos do Miguilim.

Com a piora de sua saúde, "o Dito chamou Miguilim, queria ficar com Miguilim sozinho" (p. 107) e pedia para contar estória da cachorra Cuca Pingo-de-Ouro que o pai havia mandado levar embora, mas Miguilim não podia e soluçava. Dito o consola: "Chora não Miguilim, de quem eu gosto mais junto com mãe, é você..." (p. 108). Nessa situação de fragilidade e de dor, quase não conseguindo falar, Dito confidenciou o seu testamento:

> Miguilim, Miguilim, vou ensinar o que agorinha eu sei, demais: é que a gente pode ficar sempre alegre, alegre, mesmo com toda coisa ruim que acontece acontecendo. A gente deve de poder ficar então mais alegre, mais alegre por dentro. (p. 108)

Dito queria rir para Miguilim, mas este chorava e soluçava. Essa mensagem de alegria voltará na despedida final de sua casa.

Pouco depois, "o Ditinho morreu..." (p. 109). Miguilim sentia uma loucura que parecia mais esperança, pois "O Dito, morto, era a mesma coisa que quando vivo" (p. 109). Para ele, "todos os dias que depois vieram, eram tempo de doer. Miguilim tinha sido arrancado de uma porção de coisas, e estava no mesmo lugar... as pessoas, as coisas, perdiam o peso de ser" (p. 111), quando acordava, sentia a existência do mundo em hora estranha e perguntava: "– Uai, mãe, hoje já é amanhã" (p. 112). A morte do Dito é a morte de algo em Miguilim, a morte do seu mundo infantil, do seu *alter ego*. Agora ele se encontrará só diante da vida. Inicia-se o tempo *cairológico* não cronológico do luto da perda do Dito, em que tudo o recordava, mas de agora em diante já não tinha essa referência para ver o mundo e para fazer perguntas. Por meio desse luto e da perda do seu *alter ego*, Miguilim foi obrigado a construir a sua independência para alcançar a autonomia. Trata-se de um único luto, mas que tem duas dimensões: o luto do Dito, seu *alter ego* e, nesse sentido, o luto do próprio Miguilim criança. Desse modo, será um tempo difícil para voltar às lides quotidianas da roça, "mas Miguilim queria trabalhar mesmo... copiar de ser igual como o Dito" (p. 116) e para lidar com os sentimentos, pois "Miguilim solto de si, ainda podia ficar prejudicado da mente do juízo" (p. 116).

Miguilim não conseguia imitar o Dito, pois todos diziam que estava "ficando sem vergonha" (p. 116). Voltava o sentimento de raiva, "ele mesmo achava que não gostava mais de ninguém, estirava uma raiva quieta de todos. Do pai principal" (p. 116). Ficando adulto, adquirindo sua identidade, Miguilim tem de aprender a lidar com seus impulsos de destruição que estão sempre mais à flor da pele para que possa adquirir autonomia e ser verdadeiramente sujeito de suas ações. Se na fase narcísica da doença ele tinha de se haver consigo mesmo e com o seu encapsulamento, agora se tratava de aprender a lidar com os limites e agressões postos pelos outros, a começar pelo pai e o irmão mais velho, Liovaldo, que lhe provocavam raiva e ódio. "O ódio de Miguilim foi tanto que ele mesmo não sabia o que era, quando pulou no Liovaldo. Mesmo menor, ele derrubou o Liovaldo, esfregou na terra, podia derrubar sessenta vezes" (p. 124). O pai defendeu Liovaldo, bateu forte, e muito, em Miguilim e destruiu as suas gaiolas de passarinhos, mas "ele não chorava, porque estava com um pensamento: quando crescesse, matava o pai. Estava pensando de que jeito era que ia matar o pai e então começou a rir" (p. 124-125). Miguilim também já não gostava da mãe, por ela ser submissa. "Naqueles dias, Miguilim desprezou qualquer saudade. Ele não queria gostar mais de pessoa nenhuma de casa, afora Mãitina e a Rosa. Só podia apreciar os outros, os estranhos..." (p. 129). Ele pegou todos seus brinquedos e pertences "e jogou tudo fora, no terreiro... Queria ter mais raiva" (p. 130). Jogar fora seus objetos de criança significa a superação do seu mundo infantil. Trata-se de Miguilim enfrentando seus impulsos e seus limites na configuração da sua identidade adulta e, como consequência, cortando seus laços umbilicais com a casa e a família e acalentando o pensamento forte "de uma vez poder ir também embora de casa" (p. 131), como condição para aquisição de autonomia. Essa independência e libertação foram facilitadas pelo suicídio do pai, depois de ter matado Luisaltino, por suas conversas com a mãe. Esse fato reaproxima Miguilim da família, "pois chorava pelo pai, por todos juntos. Depois ficava num arretriste, aquela saudade sozinha" (p. 136).

Em toda essa situação existencial de enfrentamento consigo mesmo e com os outros, Miguilim lembrava-se de algo que o Dito às vezes falava:

> Os outros tem uma espécie de cachorro farejador, dentro de cada um, eles mesmos não sabem. Isso feito cachorro, que eles têm dentro deles, é que fareja todo o tempo, se a gente por dentro da gente está mole, está sujo ou está ruim, ou errado... As pessoas, mesmas não sabem. Mas então, elas ficam assim com uma precisão de judiar com a gente... Mas, então, Dito, a gente mesmo é que tem culpa de tudo, de tudo que padece?! (p. 122)

Trata-se da descoberta da consciência moral como farejadora que julga as ações, assumindo o papel de superego. Trata-se da consciência de que não se fez o que devia ter sido feito ou não se cumpriu o que se tinha prometido. Por isso, o farejador dentro de cada um desperta para a culpa em relação ao feito ou não feito e, para se livrar desse sentimento, as pessoas judiam dos outros.

Dito tem uma solução inteligente para esse dilema:

> [...] ele achava que a gente podia fazer promessa e cumprir antes, e mesmo nem não precisava d'a gente saber para que ia servir o pagamento dessa promessa, que assim se estava fazendo... Mas a gente marcava e cumpria, e alguma coisa boa acontecia, ou alguma coisa ruim que estava para vir não vinha! Aquilo que o Dito tinha falado era bom, era bonito. Só de se lembrar, Miguilim ia levantando a cabeça e respirando mais. Já começava a ficar animoso. (p. 122)

Para se livrar da consciência de culpa, do superego farejador, é necessário o aprendizado da gratuidade do agir: cumprir o prometido sem esperar a realização do que se pediu na promessa. A gratuidade liberta da culpa, a graça liberta do pecado.

Essa gratuidade da promessa é que possibilita viver em graça, estando sempre alegre como dizia o Dito: "o certo era a gente estar sempre brabo de alegre, alegre por dentro, mesmo com tudo de ruim que acontecesse, alegre nas profundas. Podia? Alegre era a gente viver devagarinho, miudinho, não se importando demais com coisas nenhuma" (p. 138). A lembrança desse testamento moral que Dito havia confidenciado a Miguilim no leito de morte o foi refazendo e retomando o gosto pela vida. Assim, configurou a sua identidade ética na gratuidade, na alegria e na simplicidade do devagarinho e miudinho que o Dito lhe tinha ensinado.

A presença do Dito na vida do Miguilim atravessa o conto do começo ao fim, mas essa presença vai mudando à medida que adquire identidade própria, principalmente depois da morte do Dito. No começo, perguntava ao Dito o que fazer ou se perguntava o que faria o Dito, por exemplo, no dilema da entrega ou não do bilhete; para o final, depois da morte deste, se lembrava de coisas que o Dito tinha falado. Antes, Miguilim queria imitar o Dito, fazer o mesmo (*idem*) que este faria, o que constatou não conseguir. Depois, foi assumindo em sua identidade (*ipse*) o ensinamento que o Dito tinha transmitido. Essa lembrança que recolhe o ensinamento do Dito aparece ao recordar o que ele falava sobre o cachorro farejador que cada um traz em si mesmo (p. 122), sobre o modo como se devia fazer uma promessa (p. 122) e, principalmente, ao lembrar o que o testamento do Dito havia ensinado sobre a alegria (p. 136; p. 138).

O conto termina com a chegada de um homem a cavalo que usava óculos em Mutum e que observa que Miguilim não é limpo de vista, tem vista curta, porque aperta os olhos para enxergar. Por isso, empresta-lhe os seus óculos, e Miguilim não podia acreditar como via tudo claro, diferente e lindo. Esses óculos têm um significado simbólico. Miguilim já não necessitava do Dito para enxergar a realidade, afinal, ele via o mundo com seus próprios olhos, uma vez que adquiriu identidade e autonomia, tornando-se independente do seu *alter ego*. Havia interiorizado como seu o ensinamento do Dito sobre a alegria que agora levava consigo ao partir, "Sempre alegre, Miguilim... Sempre alegre, Miguilim" (p. 142), não importando a situação. Desse modo, estava pronto para ir embora de casa, por ter adquirido autonomia, aceitando o convite do homem de se mudar para a cidade para estudar[3]. Despede-se, abraçando a todos e olhava mais para a mãe.

E Miguilim olhou para todos, com tanta força. Saiu lá fora. Olhou matos escuros de cima do morro, aqui a casa, a cerca de feijão-bravo e são-caetano; o céu, o curral, o quintal; os olhos redondos e os vidros altos da manhã. Olhou mais longe, o gado pastando perto do brejo, florido de são-josés, como um algodão. O verde dos buritis, na primeira vereda. O Mutum era bonito! (p. 142)

Alteridade e autonomia como referências éticas da identidade

Os autores que estudam o desenvolvimento moral (Piaget, 1978; Kohlberg 1981) sempre apontam, como critérios para atingir a maturidade, a ideia de justiça ao se colocarem no lugar do outro e a ideia de autonomia ao ser sujeito de suas ações. Esses critérios encontram-se no desenvolvimento da identidade ética de Miguilim. No começo do seu itinerário existencial, o outro como outro não aparecia, porque o Dito, seu irmão, era sua projeção, o seu *alter ego* por meio do qual via e dizia a realidade. Havia uma identificação e não uma diferença, exigência de qualquer alteridade. Por isso, o Dito expressava o particípio do verbo "dizer" de Miguilim, isto é, o seu "dito". Essa simbiose estava presente em relação a outros membros da família, principalmente a mãe.

O outro como outro diferente era o pai que provocava medo, mostrava agressividade e punha limites, representando a lei no contexto das relações familiares. Miguilim o temia, sentia rejeição a ele, mas o respeitava. Na etapa da heteronomia em que ele se encontrava antes da morte do Dito, agir bem era ser um bom menino, respeitando as regras familiares, representadas pelo pai. Nessa função simbólica, o pai, enquanto lei e limite para a libido de Miguilim, significou uma educação para a alteridade, pois, para colocar-se no lugar do outro, é necessário superar o encapsulamento narcísico.

---

3. Miguilim aparece como adulto veterinário no conto "Buriti", também fazendo parte da obra *Corpo de Baile*. Esse conto inicia-se com a frase: "Depois de saudades e tempo, Miguel voltava àquele lugar, à fazenda do Buriti" (Rosa, 1984, p. 91), para vacinação do gado e lá descobre o amor. Mais abaixo, fala de como ele era visto: "Seo Miguel. Esse guardava um igualado jeito, se via que comportava uma afinação com a vida da roça, uma seriedade sem postiço. A ele um podia olhar de frente, começar a tomar estima" (Rosa, 1984, p. 105).

Outros dois personagens importantes no caminho de Miguilim para a alteridade foram o seu irmão mais velho Liovaldo e o menino Patori que, por meio de sua agressividade, confrontavam-no e, pelas insinuações sexuais sobre a sua virilidade em relação às mulheres, desafiavam-no (p. 40; p. 123), obrigando-o a se posicionar. Pelas suas provocações, despertavam em Miguilim, por um lado, a rejeição desses confrontos e insinuações, mas, por outro, liberavam aos poucos o impulso erótico e de agressão, essenciais para lidar com a vivência da alteridade.

A verdadeira emergência da alteridade, entendida como colocar-se no lugar do outro, acontece em seu posicionamento frente ao menino pobre Grivo. "Esse menino o Grivo era pouquinho maior que Miguilim, e meio estranhado, porque era pobre, muito pobre, quase que nem não tinha roupa, de tão remendada que estava" (p. 89). Ele era órfão de pai e vivia longe dali com a mãe. Miguilim perguntava se ele andando por aí não tinha medo do Patori que era um menino mau que já matou alguém.

> O Grivo contava uma história comprida, diferente de todas, a gente ficava logo gostando daquele menino das palavras sozinhas. E disse que queria ter um cachorro, cachorrinho pequeno que fosse, para companhia com ele, mas a mãe não deixava, porque não tinham de comer para dar. (p. 89)

Miguilim gostava de conversar e ouvir histórias do Grivo, assim como tinha pena dele e lhe dava o café que sobrava.

Outro dia, Grivo, levando dois patos para vender, passou por Mutum e observava Liovaldo, tocando gaitinha. Este o agrediu lhe dando um pontapé nos patos, e Miguilim, por sua vez, reagiu com ódio, derrubando e pulando, com raiva, em cima do irmão mais velho, esfregando-o no chão. O pai, vendo a cena, o repreendeu e bateu forte em Miguilim, que não chorava, mas acalentava o desejo de matar o pai. Apanhou por defender o Grivo contra o irmão mais velho, por senso de justiça e colocando-se no lugar do Grivo. Assim, quebra as regras familiares, motivado pela justiça, porque enfrenta com violência o irmão mais velho e tem o desejo de matar o pai que representa a lei, abrindo caminho para a autonomia.

Miguilim começou a se tornar sujeito de ações quando teve que decidir sobre o que fazer frente ao bilhete mandado entregar por seu tio Terêz para a mãe. Pediu a opinião a vários membros da família, inclusive o Dito, sobre o que significava agir mal, mas deliberou sozinho, sem contar a ninguém, nem ao Dito, qual era o seu dilema. Essa independência deliberativa possibilitou assumir responsavelmente a sua decisão, tornando-se sujeito da ação de entregar o bilhete de volta para o tio sem envolver a mãe, por respeito às regras familiares. Mas o verdadeiro processo de autonomia de Miguilim se inicia com a morte do Dito, quando terá que fazer o luto daquilo que o Dito significava para ele, como referência e *alter ego*. Esse vazio do Dito o obrigou a se tornar independente de sua imitação e a refletir sobre o ensinamento dele sobre a alegria e a promessa, assumindo essa herança moral com autonomia e adquirindo a sua identidade ética.

Mas a autonomia de Miguilim se consolida com o suicídio do pai como representante da lei e das regras familiares, abrindo caminho para abandonar a casa, a família e o Mutum para enfrentar o mundo e construir um caminho próprio de sua identidade pessoal. Essa identidade aparece no Miguel adulto retratado no conto "Buriti" (p. 89-258).

Conclusão

Ao lado de Riobaldo e Diadorim, Miguilim é um dos personagens centrais da obra de Guimarães Rosa como revelação do mundo infantil do sertão e do itinerário de construção da identidade de uma criança. Como sempre, em suas obras, o narrar representa um dispositivo essencial da identidade, porque situa a subjetividade no desenrolar da temporalidade, por meio da narração de suas ações, para definir o sujeito delas, constituindo, assim, a sua coerência existencial nas intermitências do tempo. Uma vez que o contar, o narrar, é sempre uma interlocução para alguém, este expressa sempre uma promessa de realizar algo ou uma responsabilidade de assumir algo já realizado. Assim, a coerência da identidade narrada adquire uma dimensão ética, enquanto que a locução e a interlocução do narrar fazem parte da identidade pessoal do sujeito humano.

Em tempos pós-modernos (Lyotard, 2008), em que as metanarrativas e os grandes relatos foram superados por uma cultura imagética de simulacros (Baudrillard, 1978) que se sucedem, fica a pergunta: como, em contextos de fragmentação e desconstrução, os sujeitos narram a sua identidade para adquirirem coerência existencial no suceder-se de imagens e de experiências sucessivas? Os humanos certamente continuam a narrar as suas identidades, não como Miguilim contando estórias, mas por meio da sua exposição nas redes sociais midiáticas. Fica a questão: como os Miguilins de hoje configuram a sua identidade própria na sucessão ininterrupta de imagens, construindo a sua coerência existencial e ética pela linguagem visual, e não mais discursiva?

Referências bibliográficas

ARENDT, Hanna. *A condição humana*. Rio de Janeiro: Ed. Forense-Universitária, 1983.
BAUDRILLARD, Jean. *Cultura y Simulacro*. Barcelona: Ed. Kairós, 1978.
CASAROTTI, Eduardo. *Paul Ricoeur: una antropología del hombre capaz*. Córdoba: Editorial Universidad Católica de Córdoba, 2008.
KOHLBERG, Lawrence. *Essays on Moral Development*. Vol. I: "The Philosophy of Moral Development"; Vol. II: "The Psychology of Moral Development". New York: Harper and Row, 1981.
LISBOA, Marcos José Alves. "O conceito de identidade narrativa e a alteridade na obra de Paul Ricoeur: aproximações". In: *Impulso*. Piracicaba, jan.-abr. 2013.
LYOTARD, Jean-François. *A condição Pós-moderna*. São Paulo: Ed. José Olympio, 2008.
NASCIMENTO, Cláudio. R. "Identidade pessoal e ética em Paul Ricoeur: da identidade narrativa à promessa e à responsabilidade". In: *Études Ricoeuriennes / Ricoeur Studies*, 2011.
PIAGET, Jean. *Le Jugement Moral chez l'Enfant*. 5. ed. Paris: PUF, 1978.
RICOEUR, Paul. *El discurso de la acción*. Madrid: Ed. Cátedra, 1988.
_____. *Soi-même comme un autre*. Paris: Seuil, 1990.
_____. *Temps et Récit*, Paris: Seuil, v. 1 (1983), v. 2 (1984), v. 3 (1985).
ROSA, João Guimarães. "Buriti". In: *Noites do Sertão*. 8. ed. Rio de Janeiro: Nova Fronteira, 1984.
_____. "Manuelzão e Miguilim". In: *Corpo de Baile*. 9. ed. Rio de Janeiro: Nova Fronteira, 1984.
SÁNCHEZ, Alfredo Martínez. "La filosofía de la acción de Paul Ricoeur". In: *Isegoría*, 2000.

ENTRE FILOSOFIA E LITERATURA:
exercício de transfigurar a morte para viver

Luiz Rohden[1]

> Em homenagem ao mestre Libânio, *in memoriam*[2]!

> *Receio, porém, que, quando uma pessoa se dedica à filosofia no sentido correto do termo, os demais ignoram que sua única opção consiste em preparar-se para morrer e em estar morto.*
> (Platão, 1983,64a, p. 65)

> *Miguilim, Miguilim, vou ensinar o que agorinha eu sei, demais: é que a gente pode ficar sempre alegre, alegre, mesmo com tôda coisa ruim que acontece acontecendo. A gente deve de poder ficar então mais alegre, mais alegre, por dentro!*
> (Rosa, 1970, p. 76-77)

Embora Filosofia e Literatura sejam áreas distintas do saber, com suas idiossincrasias e seus jogos de linguagem próprios, tecemos uma reflexão com o objetivo de assinalar a proximidade que há entre elas[3] e o quão sa-

---

1. Professor Doutor do Curso e do Programa de Pós-Graduação em Filosofia da Universidade do Vale do Rio dos Sinos – Unisinos. Pesquisador do CNPq. E-mail: rohden@unisinos.br. Acesso ao Currículo Lattes: <http://lattes.cnpq.br/8262728507671434>. Escrito com apoio do Edital Universal 2012.
2. Professor de teologia, jesuíta, da FAJE, falecido no dia 27 de janeiro de 2014.
3. "[...] na paisagem filosófica contemporânea, em particular no domínio pleno das relações tumultuosas entre filosofia e literatura, Paul Ricoeur ocupa um lugar privilegiado. Sem curvar a filosofia sobre uma forma específica de literatura, nem a literatura sobre uma expressividade ausente da filosofia, Ricoeur se empenha em preservar suas diferenciações históricas, encontrando nessas próprias diferenças a ocasião de interrogações recíprocas e recusando uma distinção de essência mútua entre essas duas disciplinas do pensamento" (Gagnebin, 2013, p. 37).

lutar isso pode ser a ambas e ao nosso viver. Acompanhados por Sócrates e Miguilim, justificaremos que tanto a filosofia quanto a literatura constituem-se em exercícios, em iniciação à arte de aprender a viver aprendendo a morrer. Transfigurar o significado da morte implica aprender a ouvir e olhar melhor, isto é, de modo mais universal possível. Com isso, ambos insinuam e recomendam a necessidade de vivermos vigilantes em função daquilo que nos faz, de fato, felizes.

Nossa argumentação será articulada por meio de três movimentos básicos. Desenvolveremos inicialmente o pressuposto segundo o qual tanto as obras filosóficas quanto as literárias constituem-se em *transfigurações de lugares-comuns*. Explicitaremos, então, nossa compreensão do termo transfiguração e a sua constituição articulada sobre a dialética entre o significado contido numa obra e a compreensão por parte do leitor.

Num segundo momento, na esteira de Arthur Danto, para quem as obras de arte representam e corporificam um significado, sustentaremos que o mesmo pode ser aplicado à filosofia e à literatura. Isso será explicitado por meio da compreensão da transfiguração do significado da morte no *Fedon* de Platão e no conto "Campo Geral" da obra *Corpo de Baile* de João Guimarães Rosa. Visto que a obra se completa na sua interpretação, seguindo as trilhas de Platão/Sócrates e de Guimarães/Miguilim, mostraremos que ambos comungam, comunicam e nos convocam a praticar a arte de bem morrer. Enfim, neste empreendimento não vou só e, entre outros, me fiz acompanhar das reflexões de Danto, Ricoeur, Gadamer além de Platão e de Rosa.

Proporemos, ainda, que a solução de Guimarães para o enfrentamento da morte parece ser mais coerente que as interpretações que foram feitas sobre o tema da imortalidade da alma ou ao fundamento da felicidade em Platão. Filosofia e literatura, como veremos, constituem-se por *significados corporificados* que nos possibilitam aprender a morrer, ou seja, a viver melhor e mais felizmente pela via argumentativa.

1. Obras que transfiguram lugares-comuns

1.1.Transfiguração do lugar-comum por parte do autor da obra

Antes de instaurarmos significados à formulação *transfiguração de lugares-comuns*, lembremos o contexto no qual se situa. Trata-se de Arthur Danto, para quem "a obra de arte é um veículo de representação que *corporifica* seu significado (...) as obras de arte são *significados corporificados*" (Danto, 2010, p. 18). Danto confessou ter tomado essa expressão de Susanne K. Langer. Propomo-nos, aqui, ampliar e aplicar o *significado corporificado* às obras literárias e filosóficas em sua tarefa de transfigurar lugares-comuns da nossa realidade.

A feliz e apropriada expressão de Danto para caracterizar a obra de arte enquanto *transfiguração do lugar-comum*, embora não tenha sido ele o seu criador, dá título a uma de suas obras: "o título já indicava o tema central da obra, referente ao modo como os objetos mais banais, lugares-comuns, são transfigurados em obras de arte" (Danto, 2010, p. 14). Justificaremos, aqui, a hipótese de que as obras filosóficas e literárias são, de certa forma, sempre *transfigurações de lugares-comuns*. Ao alargarmos a aplicação dessa expressão, distinguimo-nos de Danto, que parece tê-la circunscrita ao mundo da arte. Teceremos novas configurações a partir da tradição hermenêutica no horizonte das obras escolhidas para análise.

No *Fedon*, nos deparamos com o relato dos últimos instantes de vida do homem mais sábio de Atenas e que está diante da morte iminente. Em "Campo Geral", acompanhamos a trama narrativa de inúmeras situações de morte presentes na vida de um menino míope. No primeiro, o caso excepcional, sim, de um homem virtuoso, residente em Atenas, condenado à morte injustamente, que, na companhia de seus amigos, reflete sobre sua morte, sobre a alma, sobre a vida, sobre fatos e deveres cotidianos do cidadão comum; no segundo texto, a história de vida de um menino alocado no interior do sertão mineiro em Mutum, com suas dores, alegrias, sonhos e sofrimentos, muitas mortes e suas raras ressignificações. Essas obras são palcos de transfiguração do tema da morte e sua elevação a uma linguagem, compreensão e validade universal. O fato é que ambas as obras representam e corporificam o significado da morte a partir da *transfiguração de lugares-comuns*.[4]

Observe-se que, nessas obras, o modo de transfigurar o significado da morte ocorre mediante a narração: *Fedon* narra aos seus interlocutores o que viu e ouviu de Sócrates diante da sua morte iminente; Rosa narra, a partir de Miguilim, parte da vida do menino, seus confrontos com a morte. Em ambas, o texto narrativo retrata o tema real da morte tecido com os fios da ficção. Sabemos que as obras são *reais*, mas são frutos da imaginação de seus criadores, que não se limitaram a descrever o fato banal e ordinário da morte, e sim a transfiguram, ou seja, abordaram-na do ponto de vista poético.[5] O lugar-comum da morte foi transfigurado para o nível do verossímil, do reflexivo, do sugestivo, do poético, de modo que transfigurar é, pois, uma forma de poetizar o real.

Na esteira de Paul Ricoeur, nossa leitura de *transfiguração do lugar-comum* equipara-se ao papel que ele atribui à literatura, ou seja, o da "abolição do caráter de demonstração ou ostentação de referência", cujo comentário de J. M. Gagnebin é aqui apropriado retomar: "abolição ainda mais manifesta no texto escrito que caracteriza justamente a literatura, em particular a ficção." (Gagnebin, 2013, p. 53). A autora corrobora isso retomando Ricoeur, para quem "esse parece ser o papel da maior parte de nossa literatura: o de destruir o mundo" e comenta:

> [...] é justamente nessa destruição, ou de maneira menos provocadora, nas "metamorfoses" que ela provoca na percepção da realidade cotidiana que reside a verdade da literatura. É justamente porque a literatura, em particular a ficção, não diz o mundo tal como ele é, porque ela o reinventa o mundo, porque ela "mente", como o dizia Platão sobre os poetas, que ela permite o Surgimento de outro tipo de verdade [...]. O "retirar-se" da arte longe da realidade cotidiana, diz Ricoeur, é também a condição de sua "irrupção", nessa mesma realidade, ou seja, seu questionamento. Sem essa radicalidade, a arte "seria marcada por insignificância e reduzida a puro divertimento". (Gagnebin, 2013, p. 53)

---

4. Em homenagem a Gabriel Garcia Márquez – falecido recentemente –, lembro a contestação de direitos autorais de uma de suas obras por haver retratado [eu diria *transfigurado*] um caso real. Muitos anos se passaram até que Gabriel tivesse seus direitos autorais reconhecidos como autor daquela obra.

5. "[...] não é ofício de poeta narrar o que aconteceu; é, sim, o de representar o que poderia acontecer, quer dizer: o que é possível segundo a verossimilhança e a necessidade" (Aristóteles, 1990, 145a 36, p. 115).

A realidade, tanto no *Fedon* como em "Campo Geral", é metamorfoseada, ou seja, reinventada e, por isso mesmo, é passível de ser vista *como um outro tipo de verdade*, mais apropriada à vida humana. Transfigurar é, pois, um ato de recriar o real que nos permite questioná-lo e tomá-lo em sua universalidade.

Podemos dizer também que essas obras transfiguram o real tecendo um texto figurativo, simbólico. Os textos que carregam significados corporificados não possuem a transparência matemática que prescinde de interpretação, mas, por conterem a opacidade e o paradoxo da vida enquanto arte de saber morrer, precisam de constantes compreensões. Corrobora com isso a reflexão de Gagnebin:

> Ricoeur reconhece na linguagem figurativa, aqui simbólica e mítica, uma dignidade que o distancia definitivamente de sua exclusão por falta de clareza ou de rigor, ausência que nele é frequentemente censurada. Sem essa linguagem, dimensões inteiras da experiência humana não poderiam ser ditas [...]. A linguagem simbólica preserva em sua própria opacidade a possibilidade de um sentido que nenhuma transparência conceitual poderia esgotar. (Gagnebin, 2013, p. 43)

Dito isso, defendemos que a transfiguração de lugar-comum trama uma metalinguagem que não é meta-empírica, mas institui um discurso ou uma linguagem de *segunda ordem*, própria da poesia. Segundo Ricoeur (*apud* Gagnebin, 2013, p. 51-52):

> [...] é bem verdade que a poesia é a suspensão da função descritiva [...]. Mas essa suspensão não é senão a condição negativa para que seja liberada uma função mais originária, que só pode ser chamada de "segunda ordem" porque o discurso de função descritiva usurpou a primeira ordem na vida cotidiana, substituído, sob esse ponto de vista, pela ciência. O discurso poético também é a respeito do mundo, mas não o dos objetos manipuláveis de nosso ambiente cotidiano [...]. O discurso poético questiona precisamente esses conceitos não criticados de adequação e de verificação. Ao fazer isso, ele questiona a redução da função referencial ao discurso descritivo e abre o campo de uma referência não descritiva do mundo.

Ricoeur enfatiza, com toda razão, que o discurso de *segunda ordem* caracteriza o poético e pensamos que podemos dizer o mesmo do discurso filosófico e literário. Tanto o relato do *Fedon* quanto o de Rosa transfiguram temas cotidianos, banais e instituem um discurso de *segunda ordem*, seja por não se restringirem à função descritiva da linguagem, seja por apontarem a uma função mais originária de linguagem e de verdade apropriada aos contornos da vida em confronto com a morte. Tanto Sócrates como Miguilim nos mostram que a arte de viver ou de bem morrer situa-se no plano distinto da linguagem descritiva por assumir suas contingências, historicidade, liberdade e possibilidade de ser feliz.

Podemos dizer que a *transfiguração do lugar-comum* institui um discurso metafísico, ou seja, não só eleva a leitura do real do plano físico ao espiritual, racional, poético e, por isso, metafísico, mas sustenta uma compreensão de ordem mais universal e completa da realidade. Ora, não é por acaso que Sócrates, no *Fedon*, tenha nos mostrado que estava preso por motivos de ordem metafísica, e não por causas físicas e, também, não é por acaso que o mencionado diálogo platônico seja considerado a base originária da metafísica ocidental.[6] Contudo, transfiguração não significa negação do ponto de partida físico, mas, pelo contrário, sua elevação ou quiçá, uma espécie de suprassunção ao nível de significado e sentido mais universais. Isso, por sua vez, põe em questão aquele modelo de metafísica que se pauta pela "concepção clássica da verdade como adequação ao real" (Ricoeur *apud* Gagnebin, 2013, p. 50). Diferentemente das leituras tradicionais sobre metafísica,[7] tomamo-la aqui como aquele discurso que, ao ressignificar o real pelo processo de transfiguração, lida com uma noção de verdade irredutível à adequação entre o objeto empírico e a sua nomeação.

Assim, enquanto obras, o *Fedon* e "Campo Geral", na esteira de Danto, transfiguram exemplarmente lugares-comuns, isto é, dizem "respeito a algo – possuem um significado" e "representam" ou "corporificam-no" em forma linguística, poética, entrelaçando realidade e ficção. Porém, elas se completam com o movimento de compreensão, ou seja, implicam a presença e a participação do intérprete para que a transfiguração se efetive plenamente, como veremos.

---

6. "Que se diga que sem ossos, sem músculos e outras coisas eu não poderia fazer o que me parece, isso é certo. Mas dizer que é por causa disso que realizo as minhas ações e não pela escolha que faço do melhor e com inteligência – essa é uma afirmação absurda" (Platão, 1983, v. 99a-b, p. 105).

7. Ver textos sobre essa questão em Rohden (2004b, p. 142-154; 2004c, p. 209-244; 2006, p. 53-76; 2007, p. 83-112; 2013a, p. 59-74; 2013b, p. 309-332).

1.2. Transfiguração do lugar-comum por parte do intérprete

De acordo com Danto, as obras de arte são significados corporificados, ou seja, elas *"presentificam* seus significados" e "a chave para entender a corporificação (...) é a *interpretação*" (Danto, 2010, p. 18-19). Sustentamos aqui a aplicação disso às obras em questão. As transfigurações dos lugares-comuns condensadas nas obras se completam com a atividade do intérprete. Analogamente, nas palavras de Ricoeur, "um texto não é uma entidade fechada sobre si mesma, é projeção de um novo universo distinto daquele no qual vivemos" (Ricoeur, 2006, p. 15).

Lemos pelo prazer de ler (Rohden, 2004, p. 517-540), para obter informações, para assegurar o avanço científico, mas também porque com isso alimentamos nossas almas e, assim, cuidamos de nós mesmos. Visto dessa maneira, o leitor tem participação fundamental no processo de transfiguração do real, e, na verdade, com sua atividade, ele completa a atividade do criador de uma obra. Nessa direção, de acordo com Ricoeur,

> [...] o processo de composição, de configuração, não se acaba no texto, mas no leitor, e sob esta condição, faz possível a reconfiguração da vida pelo relato. Mais concretamente: o sentido e o significado de um relato surge na *intersecção do mundo do texto com o mundo do leitor*. O ato de ler passa a ser assim o momento crucial de toda a análise. Sobre ele descansa a capacidade do relato de transfigurar a experiência do leitor. (Ricoeur, 2006, p. 15)

A consequência desse pressuposto filosófico-literário é que as obras que transfiguram o real são retransfiguradas no ato da leitura. Com isso, não apenas realizamos uma transfiguração delas, mas, de fato, e isso é o que mais importa, nos transfiguramos quando as lemos. Os significados representados nas obras (de arte, de literatura, de filosofia) estão aí justamente para serem retransfigurados por meio do exercício da leitura.

Vimos acima que a transfiguração do lugar da morte, por parte de Sócrates e de Miguilim, foi feita narrativamente. Para ambos, o processo de constituição da subjetividade passou pelos fios narrativos. Isso, por sua vez, reforça nossa posição segundo a qual a autocompreensão ou o sentido (de nossas vidas) se faz narrativamente porque não possuímos uma apreensão definitiva, lógica ou imediata de quem somos, mas nos construímos (teórica e praticamente) por meio de nossa compreensão. A interpretação das obras transfiguradas efetiva *a intersecção do mundo do texto com o mundo do leitor* e vice-versa.

O exercício contínuo de interpretação do significado representado nas narrativas de vida de Sócrates e de Miguilim diante da morte nos torna, enquanto leitores, uma espécie de coautores quanto ao sentido (Ricoeur, 1991, p. 191). Justamente por serem obras poético-ficcionais, que lidam com as possibilidades de ser, elas pedem e permitem ao leitor que tome parte no processo de transfiguração do real e, portanto, de sua vida.

A possibilidade de interpretação das obras mencionadas se deve ao fato de serem espelhamentos de um tema universal, com seu caráter de indefinibilidade.[8] Ao lado disso, compõem discursos de *segunda ordem*, com seu matiz de opacidade próprio da vida humana e passível de ser incessantemente atualizada. Podemos dizer que as obras em questão tramam um significado que, ao ser interpretado, instaura um sentido (diz respeito ao intérprete); o primeiro tem um tom por assim dizer mais objetivo e o segundo é fruto da criação de um dado leitor numa dada ocasião. De acordo com Dennis Schmidt, há um vínculo como que ontológico entre hermenêutica, compreensão e ética, ou seja, toda interpretação é sempre "uma forma de auto-compreensão" (Schmidt, 2012, p. 47).

A transfiguração de uma obra é um processo de criação de novos significados e sentidos. Seu fito não é o de dissecar possíveis sentidos ou de extrair significados ocultos nos textos, mas ressignificá-los. O ato de transfigurar equipara-se a um exercício de purificação daquilo que nos atrapalha sermos nós mesmos e vivermos de modo mais livre e justo. Transfigurar significa morrer para aqueles apelos que nos desviam dessa direção; significa viver de modo vigilante e consciente dos nossos pensamentos e atos no fluxo da vida. Sócrates, mesmo tendo condições de fugir da prisão com a ajuda de amigos, recusou-se a isso porque sabia o que estava fazendo e assumiu a morte com serenidade. Diante da sua morte, Dito disse a Miguilim que ele precisava ser alegre, o que significava: "alegre era a gente viver devagarinho, miudinho, não se importando demais com coisa nenhuma" (Rosa, 1970, p. 100).

---

[8]. De acordo com Danto (2010, p. 26), "definir arte é uma tarefa tão esquiva que a quase cômica inaplicabilidade das definições filosóficas de arte tem sido explicada, pelos poucos que perceberam nessa inaplicabilidade um problema, como resultado da indefinibilidade da arte."

Dos significados corporificados no *Fedon* de Platão e em "Campo Geral" de Guimarães, optamos por interpretar e aprofundar agora – e, desse modo, transfigurar – o tema da morte. Nossa opção não se deve apenas ao fato de ser ele o fio condutor de ambas as obras, mas por representar, de certa forma, as questões nevrálgicas tanto da filosofia quanto da literatura e, portanto, de nós mesmos.

2. Transfigurações da morte no *Fedon* e em "Campo Geral"

É quase que redundante dizer que é com certo temor e mal-estar que lidamos com a morte e seus correlatos como a dor e o sofrimento. Podemos dizer que é com medo que o fazemos e constitui "um dos problemas enigmáticos para o homem".[9] Não é, pois, por acaso, que correntemente ou banalizamos a morte ou projetamos um mundo depois dela (um céu, um além mundo) crendo na reencarnação ou sustentando a imortalidade da alma ou criando inúmeros artifícios científicos para prolongar o tempo de vida terrena.[10] O fato é que essas vias escamoteiam o tema da morte. Nesses casos, ela não é transfigurada, e sim, afixada ao seu senso de lugar-comum.

Propomo-nos, aqui, a transfigurar o tema da morte na esteira de Sócrates e de Miguilim. Desconfiamos que a transfiguração da morte por parte de Miguilim é mais radical que a de Sócrates (ou, quiçá, que as interpretações correntes que se fazem de Platão) à medida que este parece assumir a morte em função da reencarnação, o que pressupõe a punição para os maus e o

---

9. "O homem moderno, que alcança tantas coisas no campo da ciência e da tecnologia, se encontra totalmente desamparado diante da morte. Ele pode saber como conquistar o espaço exterior, mas com relação à história sobre a morte é tão ignorante quanto o homem primitivo. Incapaz de estabelecer uma maestria sobre a morte, o homem busca com todas as suas forças prolongar a existência terrena [...]. Mas a morte é um momento tão imprevisível que até mesmo quando a extensão da vida é ampliada o homem fica constantemente com medo de cair nas garras da morte. Com esse temor seguindo seus passos, ele pode ser feliz mesmo quando sua existência terrena é prolongada? A morte somente é imprevisível, é também esmagadora, pois quando o seu chamado surge o homem se sente totalmente indefeso. E além disso, a morte vem com uma demanda que é total pois nos pede para deixar tudo e seguir de mãos vazias" (Mehta, 2003, p. 51).

10. "Mais uma vez não é uma crença na reencarnação ou imortalidade da alma que pode libertar o homem do espectro da morte [...]. Todas as abordagens tradicionais da morte se preocupam em descobrir a condição pós-morte. Estão interessadas seja no prolongamento da existência terrena, seja na continuidade do estado pós-morte" (Mehta, 2003, p. 52 e 57).

reencontro com os bons.[11] Miguilim, por sua vez, assume o dito do Dito para ser feliz, ser alegre com a morte que tece a vida.[12]

2.1. Transfiguração da morte por parte de Platão/Sócrates

O diálogo *Fedon* tem por protagonista Sócrates e,

> por cenário, o cárcere de Atenas, por data, o derradeiro dia de vida do "melhor, do mais sábio e do mais justo dos homens", por assistentes e interlocutores, discípulos e amigos do filósofo, por assunto dominante, a imortalidade da alma. (Carvalho, 1975, p. V)

No seu início, temos Equécrates perguntando a Fedon: "estiveste, Fédon, ao lado de Sócrates, no dia em que ele bebeu o veneno na prisão? Ou acaso sabes, por outrem, o que lá se passou?". Ao que Fedon responde: "Lá estive em pessoa, Equécrates", que torna a perguntar: "E então, de que coisas falou ele antes de morrer? Qual foi o seu fim? Isso eu gostaria de saber..." (Platão, 1983, p. 57, 57a).

Segue-se a narrativa dialogada de *Fedon* sobre aqueles últimos instantes de vida de Sócrates, seu enfrentamento e as transfigurações sobre sua morte. Fedon nos conta: "O que eu tinha sob os olhos, Equécrates, era um homem feliz: feliz, tanto na maneira de comportar-se como na de conversar, tal era a tranquila nobreza que havia no seu fim" (Platão, 1983, p. 57, 58e). Sócrates enfrenta a morte de frente e a narrativa do *Fedon* constitui um exercício transfigurativo dela; isso nos permite concluir que uma das formas de transfigurar a morte é por meio da narração.

---

11. Sobre isso Sócrates confessa: "eu cometeria um grande erro não me irritando contra a morte, se não possuísse a convicção de que depois dela vou encontrar-me, primeiro, ao lado de outros Deuses, sábios e bons; e, segundo, junto a homens que já morreram e que valem mais do que os daqui" (Platão, 1983, p. 64, 63b). Completa essa reflexão o que lemos mais adiante: "Dize-me, pois, - continuou Sócrates -, não tiveste a oportunidade de observar várias vezes que quando alguém se irrita no momento de morrer, não é a sabedoria que alguém ama (nota 15: 'Platão serve-se de um jogo de palavras: *philósophos* [o que ama a sabedoria], *philosômatos* [o que ama o corpo], *philokhrématos* [o que ama as riquezas] e *philótimos* [o que ama as honrarias]' [N. Do E.]), mas sim o corpo? E que esse alguém talvez ame ainda as riquezas, ou as honrarias, quer uma, quer outra dessas coisas, ou quem sabe senão as duas juntas?" (Platão, 1983, p. 70).
12. Ver letra da música *Causo Farrapo* de Victor Ramil.

Filosofar, em Sócrates, significa transfigurar a morte, isto é, aprender a morrer ou, o que é o mesmo, aprender a viver bem mediante a transfiguração do seu lugar-comum: "receio, porém, que, quando uma pessoa se dedica à filosofia no sentido correto do termo, os demais ignoram que sua única opção consiste em preparar-se para morrer e em estar morto" (Platão, 1983, p. 65, 64a). Não é lugar-comum compreender a filosofia como um processo constante de transfiguração da morte e alusão à necessidade de saber morrer diariamente.

O fato é que, mesmo assentando sua transfiguração da morte com a existência de vida pós-morte, Sócrates nos lega a lição de que aprender a viver bem implica em aprender a morrer para aquilo que não contribui para a felicidade e a liberdade – o que é representado pela dependência aos prazeres físicos, aos bens materiais,[13] ao poder.[14] Isso é corroborado pelos seguintes questionamentos de Sócrates postos para Símias: "crês que seja próprio de um filósofo dedicar-se avidamente aos pretensos prazeres tais como o de comer e de beber?" ou "julgas, por exemplo, que ele se interessará em possuir uma vestimenta ou uma sandália de boa qualidade, ou que não se importará com essas coisas se a força maior duma necessidade não o obrigar a utilizá-las?" (Platão, 1983, p. 65-66, 64d-e). Ao que propõe:

> Quero dizer com isso, mais ou menos, o seguinte: acaso alguma verdade é transmitida aos homens por intermédio da vista ou do ouvido, ou quem sabe se, pelo menos em relação a estas coisas não se passem como os poetas não se cansam de no-lo repetir incessantemente, e que não vemos nem ouvimos com clareza? [...] Não é, por conseguinte, no ato de raciocinar, e não de outro modo, que a alma apreende, em parte, a realidade de um ser? (Platão, 1983, p. 66, 65b)

---

13. Encontramos reflexão similar a essa na obra *O Chamado dos Upanixades*: "Todos os prazeres são passageiros. Oh fim de tudo. Eles destroem o poder doador da vida. E de fato, quão breve é a vida. Portanto, fique com os cavalos e dance e cante você. O homem não pode se satisfizer com riqueza" (Mehta, 2003, p. 59).

14. Mais detalhes conforme Sócrates: "com efeito, na posse de bens é que reside a origem de todas as guerras, e, se somos irresistivelmente impelidos a amontoar bens, fazemo-lo por causa do corpo, de quem somos míseros escravos! Por culpa sua ainda, e por causa de tudo isso, temos preguiça de filosofar. Mas o cúmulo dos cúmulos está em que, quando conseguimos de seu lado obter alguma tranquilidade, para voltar-nos então ao estudo de um objeto qualquer de reflexão, súbito nossos pensamentos são de novo agitados em todos os sentidos por esse intrujão que nos ensurdece, tonteia e desorganiza, ao ponto de tornar-nos incapazes de conhecer a verdade" (Platão, 1983, p. 68, 66 c-d).

Saber morrer ou transfigurar a morte significa contribuir para libertar a vida dos seus condicionamentos físicos, materiais e ilusões criadas em torno dessa dependência. Refletir, raciocinar, ou seja, transfigurar, não significa menosprezar a dimensão físico-corporal, mas minimizar os apegos (à honra, à riqueza, ao poder, às vaidades) que atrapalham viver livremente. A meta da reflexão do *Fedon* não é a alma e nem sua imortalidade, mas a postura do filósofo diante da realidade. De acordo com Trindade para quem, no *Fedon*, Platão

> [...] concentrou-se em mostrar como, apoiada na racionalidade e visando à busca do saber, ela é o princípio condutor da ação individual. [...] O puritanismo expresso pela oposição e pela recusa de qualquer associação ao corpo decerto chocará o leitor atual. E, contudo, se atentamos ao condicionamento cultural em que emerge, mostra a inteligência visionária de seu defensor, bem mais do que força castradora com que tantas vezes é apresentada. (Santos, 2009, p. 47)

Podemos dizer que uma das metas da transfiguração da morte consiste em realizar uma purificação, por meio do pensamento, daquelas paixões que não nos tornam mais temperantes, mais justos e mais livres. O pensamento e, de modo especial aqui, o narrativo, é um caminho para reunir nossas atenções em torno do foco essencial que é nossa alma cujo cultivo nos faz felizes e livres. Dito de outra maneira, o ato de transfigurar a morte é um exercício de sabedoria.[15] O filósofo aspira à sabedoria ao procurar viver transfigurando o morrer e, nesse sentido, se exercita para a morte em vida, como nos recomenda Sócrates:

> Pois bem, aí estão, Símias, meu amigo, e tu, Cebes, os motivos pelos quais os que, no exato sentido da palavra, se ocupam com a filosofia, permanecendo afastados de todos os desejos corporais sem exceção, mantendo uma atitude firme e não se entregando às suas solicitações. A perda de seu patrimônio, a pobreza não lhes infunde medo, como à multidão de amigos das riquezas; e, da mesma forma, a existência sem honrarias e em glória que lhes confere o infortúnio, não é capaz de atemorizá-los, como faz aos que amam o poder e as honras. (Platão, 1983, p. 87, 82c)

---

15. Nas palavras de Sócrates: "Talvez, ao contrário, exista aqui apenas uma moeda de real valor em troca da qual tudo o mais deva ser oferecido: a sabedoria! [...] Talvez, muito ao contrário, a verdade nada mais seja do que uma certa purificação de todas essas paixões e seja a temperança, a justiça, a coragem; e o próprio pensamento outra coisa não seja do que um meio de purificação" (Platão, 1983, p. 71, 69b).

Transfigurar a morte consiste em desenvolver a capacidade de "ver o tangível e, entretanto, a sabedoria de não se agarrar a ele" e "é isso que significa a experiência da morte enquanto vivo" (Mehta, 2003, p. 81). Aquele que transfigura a morte pode priorizar em vida aquilo que lhe confere sentido, de modo que "seu caminho não se confunde com o daqueles que não sabem para onde vão" (Platão, 1983, p. 88, 82d), pois estes não são capazes de se desvencilhar do seu chão, dos seus lugares-comuns.

A proposta do *Fedon* tem a ver mais com a transfiguração da morte e sua implicação para nossas vidas do que para demonstrar ou provar a imortalidade da alma como nos propõe Gadamer:

> [...] jamais se deve esquecer que, no caso da "demonstração" da imortalidade por parte de Platão, nós estamos lidando com um mero estágio na exposição dialógica, cuja mais profunda preocupação não é, nem de longe, a imortalidade, mas antes de tudo o que constitui o ser real da alma – não em relação à sua possível mortalidade ou imortalidade, mas sua contínua compreensão vigilante de si mesmo e da realidade. (Gadamer, 1990, p. 29)

O exercício de transfigurar a morte implica uma postura de vigilância e atenção diária ao que nos torna/faz mais, ou menos, livres e felizes. Platão enfrentou a dor da morte do seu mestre e nos legou a lição de que a felicidade ou imortalidade consiste em transfigurá-la. Aliás, já nos *Upanixades* encontramos dica similar:

> o homem que sabe como morrer constantemente, só ele conhece o segredo da Imortalidade – e essa é a mensagem vitalizadora dada pelo Senhor da Morte para todos os investigadores que desejam conhecer o significado da morte e, portanto, o significado da própria vida.(Mehta, 2003, p. 82)[16]

Enfim, transfigurar o lugar-comum da morte para os discípulos de Sócrates, e para nós, significa levar a sério e cumprir seu pedido final: "cuidai de vós próprios, e de vossa parte" (Platão, 1983, p. 123, 115b), e não simplesmente aguardar a morte chegar o que equivaleria a se afixar ao lugar-comum. Sócrates personifica o exercício espiritual de aprender a viver livre e felizmente, corporificado no relato de Platão que o fez para transfigurar a sua dor pela morte injusta do seu mestre e que hoje nos ajuda a transfigurar lugares-comuns por meio de sua leitura.

---

16. Na pagina 71, o autor afirma: "A imortalidade significa eternidade, não uma condição interminável."

2.2. Transfiguração da morte por parte de Guimarães/Miguilim

Miguilim, um menino diferente dos demais, gostava de especular: "de ficar botado de castigo, Miguilim não se queixava, (...) podia brincar de pensar, ali, no quieto" (Rosa, 1970, p. 12). Em "Campo Geral", vemos o menino míope padecendo o medo de morrer ao mesmo tempo em que teve de lidar e transfigurar a morte do irmão Dito. Ao longo das linhas da novela, encontramos situações que mostram seu temor:

> – Miguilim, você tem medo de morrer? – Demais... Dito, eu tenho um medo, mas só se fosse. Queria a gente todos morresse juntos... (Rosa, 1970, p. 18)
>
> Tinha de morrer? Quem sabia, só? Então – ele rezava pedindo: combinava com Deus, um prazo que marcavam. [...] Três dias. De dentro daqueles três dias, ele podia morrer, se fosse para ser, se Deus quisesse. Se não, passados os três dias, aí então ele não morria mais [...] três dias era curto demais, doíam de assim tão perto, ele mesmo achava que não agüentava. [...] Então, então, dez. (Rosa, 1970, p. 34-35)
>
> Mas, muito em antes queria trabalhar, mais do que todos, e não morrer, como quem sabe ia ser, e ninguém não sabia. (Rosa, 1970, p. 37)
>
> Medo de morrer, tinha; mesmo a vida sendo triste. (Rosa, 1970, p. 83)

O menino Miguilim miava de medo de morrer. Contudo, diferentemente da massa que ignora, escamoteia ou paralisa diante da morte, ele a transfigurou de distintas maneiras. Vimos acima que ele confessou seu temor de morrer. Além disso, padeceu e elaborou os efeitos da morte do Dito, condensada nas pungentes páginas que retratam o percurso alegre e dolorido dos seus últimos momentos de vida. Todavia, parece que a plenitude do seu processo transfigurativo passou pelas trilhas das suas dúvidas e perguntas: seria possível viver alegre em meio às mortes e seus corolários cotidianos como a dor, o desprezo, o sofrimento e contradições da própria vida? Seria possível ser feliz em meio ao mundo triste e opressor onde ele vivia de modo míope? Na trama do texto rosiano, encontramos indícios de respostas a essas questões universais que corporificam significados oriundos da transfiguração desses lugares-comuns que nos são também tão familiares. Poderíamos dizer que a própria novela "Campo Geral" constitui uma espécie de campo transfigurado daquele mundo mortífero efetivado pelos olhos, ouvidos e coração de crianças, do Dito, do Miguilim.

O processo para transfigurar o real no "Campo Geral" ocorre mediante a narração – já dissemos que isso se aplica também ao *Fedon* –, porém, essas obras não são *pura ficção* nem *pura empeiria*, e carregam em seu bojo perguntas relativas ao nosso modo de viver. Nas palavras de Ricoeur (1991, p. 192):

> Quanto à morte, as narrativas que a literatura faz sobre ela não têm a virtude de embotar o espinho da angústia diante do nada desconhecido, dando-lhe imaginariamente o contorno desta ou daquela morte, exemplar a um título ou a outro? Assim a ficção pode concorrer para a aprendizagem do morrer [...] uma troca frutuosa pode instaurar-se entre a literatura e o ser-para-(ou para-com)-a-morte.

Podemos dizer que, num primeiro momento, foi com o Dito que Miguilim aprendeu a transfigurar o medo da morte. Porém, depois que Drelina disse "Miguilim, o Ditinho morreu..." (Rosa, 1970, p. 77), vemo-lo só, sem seu *mestre Dito*, enfrentar a morte imaginando, inclusive, a sua própria [morte]. Disso ele soube tirar proveito e, mesmo à força, transfigurou a morte, conservando sempre seu desejo de olhar o mundo com o encanto próprio das crianças. Mesmo em meio à morte ele não se acostumou com seu ambiente, mas transfigurou-a e aprendeu a viver melhor:

> A morte, nesta novela, navega por muitas e diferentes redes significantes. O paradoxo se instala: a morte como fenômeno físico, perecível e destrutível da existência, coloca um fim absoluto nos seres dotados de vida, leva Dito; porém, assim como o sono, a morte é regeneradora das forças, reveladora da ambivalência pela qual todo ritual de travessia passa – o fim de um estágio e o início de outro [...]. Miguilim precisaria se ver sozinho, longe dos cuidados, do discernimento e da sabedoria do irmão, para poder viver seu processo de individuação, de construção de sua própria identidade. (Teodoro; Duarte, [s.d.], p. 6-7)

Miguilim, um menino que reúne e cultiva, em si, os princípios *thaumático* e *traumático* do filosofar; um menino míope que, contudo, via melhor que os demais meninos e adultos; e em muito se assemelhava a Tirésias, que enxergava pouco, mas via a vida como uma arte de aprender a morrer. Ora, "é justamente *com* Miguilim que fazemos a travessia de sua infância, aprendemos com ele a lidar com a dor, com a morte, com a sensação de não pertencer ao mundo dos adultos e, logo, de não compreendê-lo" (Medeiros, [s.d.], 2-3). No fundo, Miguilim queria ser feliz, viver melhor. Graças à transfiguração das inúmeras faces da morte presentes em sua vida é que ele aprendeu que viver é aprender a morrer. Sem escamotear a morte, ele exercitou-se na arte de ser imortal ou *eterno enquanto durava*.

Transfigurar, pois, nessa perspectiva, significa assumir a própria vida por meio do pensamento, significa fazer seu parricídio e pagar o preço doloroso disso. Foi assim com Platão, foi assim com Miguilim e assim deve ser conosco. É apenas morrendo assim que se pode viver, caso contrário, fica-se a vegetar ou viver na sombra de outros como parasitas, contentando-se em repetir e comentar apenas o que outros já disseram. Assim, além do Dito, passamos a dizer aquilo que nos torna mais livres, mais felizes.

3. Transfigurar: uma arte de aprender a viver aprendendo a morrer

Nosso pressuposto aqui é o de que o filosófico habita no texto literário e este aborda aspectos da filosofia de modo que seus horizontes se entrelaçam. As obras mencionadas são tecidas pelos fios da transfiguração do tema da morte por meio da representação narrativa. Esse tipo de discurso conserva em si a opacidade, a ambiguidade, a contradição, espelhando a paradoxal vigência da morte na vida. Por isso mesmo, podemos e precisamos interpretá-lo, compreendê-lo e, assim, através da leitura, aprendermos a morrer, isto é, a viver mais livres e felizes ainda em vida.

Nos textos analisados, nos deparamos com Sócrates e Miguilim encarando a morte mediante o processo narrativo. Platão, por meio da boca do Fedon, narra aos que não estiveram presentes nos últimos instantes de vida do seu mestre; Guimarães, por Miguilim, narra como esse menino míope esteve cercado de mortes, que tinha medo dela, e, por sua vez, o próprio Miguilim ajudou Dito a viver melhor, mesmo no leito da morte, lhe narrando o que via e ouvia. Há uma semelhança entre a forma de encarar a morte por parte de ambos: conversando, relatando fatos, dando conselhos de como viver de maneira mais digna. Ambos os autores instituíram um discurso de *segunda ordem*, ou *metafísico*, sobre as mortes físicas que seus personagens enfrentaram. Mais do que um simples discurso descritivo, ambos carregam consigo prescrições implícitas e explícitas sobre o modo de viver.

No texto rosiano vemos Miguilim defrontar-se com a morte do Dito. Sua morte representa a face fugaz e frágil da vida desde o pisar no prego na corrida para prender o Paco, passando pela febre, pela dor, pelo medo de morrer até sua morte física. Porém, no leito da morte e pela fala final do Dito em diálogo com o irmão é que ele apresentou sua transfiguração da morte em forma de recado:

> Miguilim, Miguilim, vou ensinar o que agorinha eu sei, demais: é que a gente pode ficar sempre alegre, alegre, mesmo com tôda coisa ruim que acontece acontecendo. A gente deve de poder ficar então mais alegre, mais alegre, por dentro! (Rosa, 1970, p. 76-77)

No *Fedon* vemos Sócrates dizendo algo similar, consolando seus amigos a não chorarem, a não se desesperarem, a verem naquele instante a efetivação da sua liberdade e felicidade. Parece até que a alegria da vida de Sócrates e do Dito brotava da tristeza daquele momento, nos legando, porém, o recado de que "aprender-a-viver é que é o viver, mesmo" (Rosa, 1958, p. 550), isto é, aprender-a-viver é que é o morrer mesmo, ou aprender-a-morrer é que é o viver mesmo. Visto assim, a morte parece tornar as coisas simples, faz com que sejam descerradas as cortinas e sejam tiradas as máscaras. A consciência da nossa finitude ou o fato de nos depararmos com a morte física, nos leva a assumirmos nossa vida, afinal, "quem tem apenas um momento mais de vida / Nada mais tem a dissimular" (Quinault *apud* Poe, 2001, p. 728).

Podemos dizer, então, que o exercício de transfigurar é um ato metafísico e ético. Em ambos os textos, o processo transfigurativo da morte gira em torno do temor diante da calada questão universal: por que morremos? Num estágio posterior ao silêncio nos colocamos a questão: o que é, o que significa e como devemos morrer? São perguntas como essa que rompem o lugar-comum e que remetem à nossa ação. Assim, transfigurar a morte significa saber ou aprender a lidar com mortes físicas, mortes psicológicas, mortes morais que compõem o viver. Daí porque dizemos que em ambos os relatos estamos às voltas com perguntas metafísicas e implicações éticas, pois "a função narrativa não existe sem implicações éticas" (Ricoeur, 1991, p. 193).[17]

Embora encontremos os fundamentos da metafísica no *Fedon*, sua proposta é ética no sentido de que a narrativa dialogada representa e enseja o cultivo e cuidado de nós mesmos conforme a fala de Sócrates: "Vede: cuidai

---

17. Nessa mesma página Ricoeur desenvolve o seguinte tópico: "3. As implicações éticas da narrativa".

de vós próprios, e de vossa parte então toda tarefa será feita com amor, tanto a mim e aos meus quanto a vós mesmos, ainda que não tenhais assumido esse compromisso" (Platão, 1983, 115b, p. 123). O propósito não é, pois, de filosofar para aguardar tranquilo o momento da morte, e sim o de viver melhor, ou seja, mais justa e felizmente. Em "Campo Geral" encontramos dicas explícitas e implícitas de teor ético. As explícitas podem ser lidas na passagem em que o Tio Terez entrega o bilhete para Miguilim repassá-lo à mãe e no dilema torturante que ele vive para cumprir ou não tal pedido; as implícitas podem ser apreendidas em diferentes momentos e situações da narrativa. Enfatizamos, aqui, os ditos do Dito e a postura responsável de Miguilim diante da vida após a morte do irmão.

Enfim, o processo de transfigurar a morte – seja por parte do autor da obra, seja por parte do leitor/intérprete – nos inicia na arte de aprendermos a viver contemplando ou refletindo na própria ação. É possível se pensar que a vida não nos permite ensaios para viver outras vidas, que precisamos assumir a morte ainda em vida – e é isso que nos torna sábios. Ora,

> [...] o homem de sabedoria não é aquele que se senta ociosamente na margem despreocupado acerca da corrente da vida. Ele está na corrente, mas não afunda, pois, despojado de todas as posses, nada tendo a guardar ou defender pode abandonar a si próprio à corrente da vida. [...] Aquele que sabe morrer não precisa ir reiteradamente para a morte é a morte que vem a ele não como um mestre que quer carregar o escravo, mas como um amigo e um companheiro tomando paisagem. (Mehta, 2003, p. 62)

Transfigurar a morte significa tê-la como companheira e aliada de nossa caminhada – por mais paradoxal e estranho que isso possa soar! Sendo assim, a leitura de ambos os textos constitui-se num exercício espiritual sobre a morte – em suas mais variadas formas de manifestação –, isto é, sobre o nosso modo de viver. Por isso, dizemos que o problema da morte ou da dor que sentimos quando alguém morre diz mais respeito a quem está vivo do que a quem morreu, pois, como diz Sócrates ao final da *Apologia*, "não sei exatamente o que me espera, mas sei o que estou fazendo". Visto assim, o problema da morte importa mesmo para quem está vivo, e não morto.

Do mesmo modo que Sócrates nos indicou que o caminho da felicidade passa pela ponte do pensamento com a concomitante renúncia aos prazeres, o desapego dos bens materiais e o cultivo da alma, o Dito nos indica caminho similar para consecução do propósito acima:

O Dito dizia que o certo era a gente estar sempre brabo de alegre, alegre por dentro, mesmo com tudo de ruim que acontecesse, alegre nas profundas. Podia? Alegre era a gente viver devagarinho, miudinho, não se importando demais com coisa nenhuma. (Rosa, 1970, p. 100)

Enquanto que o consolo da vida pós-morte pareceu conferir a Sócrates o sossego feliz diante da morte, Miguilim parece nos dizer que é possível ser alegre, ser feliz no dia a dia, vivendo "devagarinho, miudinho, não se importando demais com coisa nenhuma" (Rosa, 1970, p. 100), transfigurando o cotidiano comum para assumir o que é essencial, o que passa pelo nosso modo de olhar a realidade. Encontramos em Platão uma limitação relativa à justificativa última e à aceitação da morte por parte de Sócrates:

> devo agora prestar-vos contas, expor as razões pelas quais considero que o homem que realmente consagrou sua vida à filosofia é senhor de legítima convicção no momento da morte, possui esperança de ir encontrar para si, no além, excelentes bens quando estiver morto. (Platão, 1983, 64a, p. 65)

Parece, por um lado, que sua felicidade, sua serenidade, seu consolo diante da morte inevitável se assenta na vida melhor que lhe espera onde haverá recompensa aos bons e poderá encontrar seus melhores amigos. Porém, por outro lado, a preocupação de Platão não consistiu em sustentar a mortalidade ou não da alma como tal, mas de desenvolvermos "uma compreensão vigilante de nós mesmos e da realidade" (Gadamer, 1990, p. 29).

Fala final, mas não definitiva

É com Sócrates, sereno e feliz à beira da morte, e com Miguilim, o menino encantado que olha, admira e contempla o mundo – ambos tomados pelo espírito thaumático e traumático – que podemos aprender a viver mais livres e felizes exercitando-nos na arte de morrer. Não nos iniciamos em tais artes para nos acomodarmos à espera da morte, e sim para vivermos contemplativos na ação, rompendo lugares-comuns e transfigurando-os. O filósofo e o menino não se acostumaram, não se acomodaram e nem se acovardaram em olhar o mundo em sua inteireza, beleza e composição trágica onde a morte participa do jogo da vida.

Por meio da leitura dos textos filosóficos e literários, transfiguramos o real contemplando-o em sua universalidade e, com esse tamanho, pautamos nossa postura, caso contrário, viveremos com viseiras e vícios que lhe são correspondentes. Interpretar essas obras significa exercitar nosso olhar para enxergar melhor, mais totalmente, de modo menos míope, corrigindo estrabismos, sem nos acostumar ou nos contentar com migalhas do real. Com Sócrates e Miguilim aprendemos, por meio do exercício da leitura, a assumir as inúmeras manifestações da morte no dia a dia. Com ambos, aprendemos que transfigurar o real do ponto de vista da morte significa contemplá-lo do ponto de vista da universalidade e pautar nossa ação com esse mesmo horizonte. Isso implica em aprender a distinguir o grande do pequeno, o mais importante do menos importante, enfim, o que nos faz mais ou menos livres e felizes. Ecos disso encontramos no poema de Pessoa: "Da minha aldeia vejo quanto da terra se pode ver do Universo (...)/Por isso a minha aldeia é tão grande como outra terra qualquer/ Por que eu sou do tamanho do que vejo/ E não do tamanho da minha altura..." (Pessoa, 1994, p. 208).

Compreendemos a transfiguração da morte por parte de Platão, relativamente ao seu mestre Sócrates no *Fedon*, e por parte de Guimarães Rosa, relativamente ao seu personagem Miguilim diante do seu irmão e do mestre Dito. Em ambos, estamos às voltas com a morte do mestre e a transfiguração realizada pelo discípulo. Este precisa passar pela morte do mestre para aprender a caminhar com as próprias pernas e, para tanto, a filosofia e a literatura são excelentes caminhos argumentativos. Até um certo momento de nossas vidas, precisamos de mestres que nos deem condições, ou até nos mostrem os caminhos de aprender a morrer. Somos eternamente gratos ao nosso amigo e mestre Libânio, *eternamente em minha memória*, por ter a muitos mostrado o caminho da morte, ou seja, ajudado a *olhar* o mundo de forma mais totalizante, complexa, completa e livre. Com ele, aprendemos que a vida vale a pena ser vivida digna e livremente; com ele transfigurado, precisamos transfigurar as mortes em vida. As vidas de Helenas e de Alices nos impulsionam, mesmo de modo claudicante, a aprender a ser livre e feliz em meio às contradições, às dores, às tristezas, enfim, à morte que a todos atinge e que joga conosco o jogo da vida.

Enfim, nossa reflexão sobre a morte nos mostrou que o que importa mesmo é aproveitar a vida por meio do saber com sabor e perceber que o medo e o pavor da morte se devem, em parte, à culpa, ou ao remorso ou ao temor de não assumi-la em sua tragicidade. Experienciar a morte em vida significa distinguir o aparente do essencial, o eterno do passageiro, de modo a valorizar o que deve ser valorizado, a salvaguardar o que deve ser salvaguardado, a viver eternamente enquanto *durarmos*. Enfim, transfigurar a morte significa, socraticamente, cuidarmos de nós mesmos e, com Miguilim, vivermos alegres morrendo sem nos importarmos demais "com coisa nenhuma".

Referências bibliográficas

ARISTÓTELES. *Arte Poética*. Maia: Imprensa Nacional/Casa da Moeda, 1990.
CARVALHO, Joaquim de. *Comentários da tradução do grego por Dias Palmeira do diálogo Fédon*. Coimbra: Atlântida Editora, 1975.
DANTO, Arthur. C. *A Transfiguração do lugar-comum: uma filosofia da arte*. São Paulo: Cosac Naify, 2010.
GADAMER, Hans-Georg. "The proofs of Immortality in Plato's Phaedo". In: *Dialogue and Dialectic: eight hermeneutical studies on Plato*. Translated and with an introduction by P. Christopher Smith. New Haven; London: Yale University Press, 1990. p. 21-38.
GAGNEBIN, Jeanne-Marie. "Da dignidade ontológica da literatura". In: *Paul Ricoeur: ética, identidade e reconhecimento*. NASCIMENTO, F., SALLES, W. (Org.). Rio de Janeiro: Ed. PUC-Rio; São Paulo: Loyola, 2013. p. 37-55.
MEDEIROS, Manuela Quadra de. *A infância míope de Miguilim em Campo Geral*. Disponível em: <http://www.mafua.ufsc.br/numero19/ensaios/Manuela.pdf>. Acesso em: 22 ago. 2013.
MEHTA, Rohit. *O Chamado dos Upanixades*. Editora Teosófica: Brasília, 2003.
PESSOA, Fernando. *Obra Poética*. Rio de Janeiro: Editora Nova Aguilar, 1994.
PLATÃO. *Diálogos Fedon*. 2. ed. São Paulo: Abril Cultural, 1983.
POE, Edgar Allan. "Manuscrito encontrado na Garrafa". In: *Ficção Completa, Poesia e Ensaios*. Rio de Janeiro: Editora Nova Aguilar, 2001.
RICOEUR, Paul. *O Si-mesmo como um outro*. Campinas, São Paulo: Papirus, 1991.
_____. "La vida: um relato em busca de narrador". In: *Ágora* (2006), v. 25, n. 2. p. 9-22.
_____. *Leitura 3: Nas fronteiras da filosofia*. São Paulo: Loyola, 1996.
ROHDEN, Luiz. "Sentido(s) da leitura hermenêutico-filosófica". In: *Filosofia e Ensino: um diálogo transdisciplinar*. v. 5. Ijuí: Ed. Unijuí, 2004a, p. 517-540.

_____. "Hermeneutik: kritische Wiederaufnahme der Metaphysik mittels der Zeit". In: *Metaphysik und Hermeneutik*. Ed. Kassel - Alemanha: Unidruckerei der Universität Kassel, v. 38, 2004b, p. 142-154.
_____. "Morreu a metafísica? Reflexões críticas e o louvor à metafísica". In: *Dialética, Caos e Complexidade*. São Leopoldo: Editora Unisinos, 2004c, p. 209-244.

_____. "O tempo no tempo e na constituição da metafísica movente". In: *Síntese* (Belo Horizonte), v. 33, 2006, p. 53-76.
_____. "Metafísica: uma experiência poética". In: *Soren Kierkegaard no Brasil: Festschrift em homenagem a Álvaro Valls*. João Pessoa: Idéia, 2007, p. 83-112.
_____. "Metafísica dialética: meta do movimento dialético ascendente". In: *Tempo Brasileiro*, v. 1, 2013a, p. 59-74.
_____. "A metafísica repensada a partir da tradição fenomenológico-hermenêutica". In: *Revista Veritas*, v. 58, 2013b, p. 309-332.
ROSA, João Guimarães. *Grande Sertão: Veredas*. 2. ed. Rio de Janeiro: José Olympio Editora, 1958.
_____. *Manuelzão e Miguilim*. 4. ed. Rio de Janeiro: José Olympio Editôra, 1970.
SANTOS, José Trindade. *Para Ler Platão: alma, cidade, cosmos*. Tomo III. São Paulo: Loyola, 2009.
SCHMIDT, Dennis. "On the Sources of Ethical Life". In: *Research in Phenomenology*. 42. ed. 2012. p. 35-48.
TEODORO, Maria Aparecida de Assis; DUARTE, Maria Cecília Teodoro. *Entre perdas e ganhos: uma leitura de Miguilim, de João Guimarães Rosa*. Disponível em: <http://alb.com.br/arquivomorto/edicoes_anteriores/anais16/sem08pdf/sm08ss01_06.pdf>. Acesso em: 22 ago. 2013.

O VELHO CAMILO, UM SÁBIO NARRADOR MARGINAL
(ou da precisão que ainda temos de velhas belas estórias)

Rogério Mosimann da Silva[1]

Introdução

Existe um tema que me tem perseguido e que continua a me intrigar: o fato de Guimarães Rosa (autor tão erudito e viajado, um *letrado* que conhecia a fundo a tradição cultural do Ocidente e também a do Oriente) ter se voltado tão radicalmente para o mundo do *sertão*. Por quê? E quais consequências isso traz para nós hoje (no contexto de nosso tempo, meio século depois da morte de Rosa), nós que vivemos num mundo em muitos aspectos acentuadamente diferente do início da segunda metade do século XX?

É essa questão que buscaremos investigar, dando voz a um texto rosiano. Nossa perspectiva é assumidamente *simples*, isenta da preocupação de grandes arcabouços teóricos.

Desde que essa dimensão do texto rosiano (referida logo acima) aflorou, já a tenho trabalhado em alguns artigos. E, com efeito, não nos propomos aqui mais do que reafirmar a tese já anteriormente por nós desenvolvida, a saber: o *sertão* compreendido como *reduto de sabedoria*.[2] O que o presente estudo acrescenta é a verificação e a confirmação da mesma hipótese, agora em outro texto de Rosa, a novela "Uma Estória de Amor", de *Corpo de Baile*.

As novelas de *Corpo de Baile* são apresentadas pelo próprio Rosa como *parábases*, termo ligado ao teatro grego e que se refere ao momento em

---
1. Mestrado em Letras pela UFMG (2003) e doutorado em Teologia pela EST (2012) como bolsista da Capes. Atualmente trabalha na UCPel, em Pelotas/RS.
2. Ver Silva (2004, p. 209-218; 2012, p. 89-109; 2009, p. 117-132; 2010, p. 227-240).

que o ator tirava a máscara e mostrava seu rosto. No caso, trata-se de uma metáfora a indicar o momento em que o autor ficcional está a revelar a sua concepção de arte, o seu pensar sobre a criação literária.[3]

As *parábases* de *Corpo de Baile* se constituem em escritos metapoéticos, por meio dos quais Rosa, junto à estória que conta, ao mesmo tempo vai mostrando (sempre em forma narrativa) a sua concepção poética e a gênese, papel e relevância da palavra artística, em suas diversas modalidades (a canção, o conto ou *estória*, etc.).

O texto com o qual vamos nos ocupar, "Uma estória de amor", é, por exemplo, uma narrativa sobre o contar *estórias*, sobre a origem e o significado dos contos populares: as mulheres na cozinha constituem um coro de cantadoras/contadoras, quadras são inseridas no corpo da novela, e o velho Camilo igualmente se colocará a narrar.

Essa reflexão narrativa rosiana sobre o contar *estórias* (ensaio metanarrativo, uma *metaestória*) vai nos ajudar a resgatar o sentido das *estórias* e sua atualidade para nós, e a perceber o sentido artístico-poético dessas narrativas.

1. O sertão marginal como lugar da Sabedoria

Iniciemos esclarecendo que, na obra de Rosa, o termo *sertão* não designa meramente um espaço geográfico, mas sim corresponde a uma potente metáfora da própria experiência humana, da dimensão poética da existência, do *coração* (enquanto afeto/sentimento, e enquanto *profundidade*), bem como equivale a uma *metonímia* (a parte pelo todo: no sertão geográfico, nos ambientes *sertanejos* – nas periferias da *cidade*, das civilizações *modernas*, e em contraposição à razão instrumental, demonstrativa – manifesta-se a porção mais privilegiada de todo sertão enquanto atitude; do sertão simbólico, *metafórico*).[4]

---

3. "No 'Índice' do fim do livro, ajuntei sob o título de 'parábase', três das estórias. Cada uma delas, com efeito, se ocupa, em si, com uma expressão de arte" (Rosa, 1981, p. 58); e, citando Paulo Rónai: "a linha simbólica é predominante nos 'contos', onde o enredo propriamente dito serve de acompanhamento."
4. Sobre os significados do termo "sertão", conferir Kunz (s/d): "Conceito central nesse movimento de desconstrução da fixidez da racionalidade moderna e de criação de uma realidade nova, fluida e dinâmica, é o de sertão, como aparece em *Grande sertão: veredas* e no resto da obra Guimarães Rosa. O sertão é o lugar distante do mundo esclarecido da

Rosa não era um tosco irracionalista, preconceituoso em relação à razão moderna. Tampouco assumia a postura do saudosismo, como quem agisse motivado por um interesse "folclórico", no sentido pejorativo do termo, ou seja, pelo mero gosto do exótico, ou como quem dirigisse o olhar para o passado, para as plagas interioranas, a fim de contemplá-las como objeto de museu e para preservá-las intactas ante a ameaça avassaladora das ondas do *moderno*.

A concepção rosiana não coincide nem sequer com uma distante e ingênua exaltação, *à la* Romantismo, da natureza e dos povos que vivem mais próximos a esta. Ao contrário, em Rosa, emerge uma visão ao mesmo tempo positiva e crítica em relação ao *sertão*.

Com efeito, a obra de Rosa deixa transparecer a sua arraigada convicção pessoal de que o *sertão* não coincide com o índice e o reduto do atraso, ambientes aos quais o progresso ainda não aportou. Ao invés, constitui-se em recanto de Sabedoria[5]. O sertão guarda, pois, tesouros humanos escondidos que só temos a perder se os desprezamos. Joias poéticas e éticas, modos alternativos de viver, de conviver e de fazer uso da linguagem.

Nesse sentido, Paulo Rónai (amigo pessoal de Rosa e um dos mais perspicazes intérpretes do escritor, e que melhor compreendeu o *espírito* presente na literatura rosiana) chama a atenção para o fato de que o mundo urbano apenas raramente, e mais por via indireta, assoma na obra de Rosa. Rónai afirma ainda que todas as andanças de diplomata e as vastas leituras desse voraz devorador de livros confirmaram e reforçaram a cosmovisão desse enraizado sertanejo de Cordisburgo, Minas Gerais.[6]

É sabido que Rosa aproveitava suas horas de folga, seus dias de férias, para revisitar o *sertão* (a geografia e o ambiente cultural do sertão, em relação metonímica com toda manifestação *sertaneja*, como vimos acima).[7] Tal

---

cidade, da lógica formal, do ordenamento jurídico, do contrato. Nele o saber constituído é colocado em questão. Não há respostas peremptórias da fé ou da ciência, mas o espanto diante da precariedade das respostas".

5. Em primeiro lugar, da "sabedoria poética" de que trata Giambattista Vico: a Sabedoria de vida dos povos ditos *primitivos*, condensada em mitos e provérbios, consignada pelos rapsodos medievais, preservada nas narrativas dos contadores e contadoras de estórias, entoada pelas cantadoras e cantadores de cantigas de todos os tempos.

6. Sobre a relação de Rosa com o *sertão*, ver os ensaios de Paulo Rónai "Rondando os segredos de Guimarães Rosa" e "Os vastos espaços", bem como a seção *Rosiana*, das *Letras nossas*, no volume "Pois é".

7. Ver a reportagem-entrevista da revista *O Cruzeiro*, de 23 dez. 1967, especialmente as seguintes citações (p. 6-7): "Sentado numa mesa ninguém é genial. Tem-se de estar perto. [...]

hábito pessoal não se reduz a um método de criação artística, pois reflete toda uma opção existencialmente coerente. Acompanhando boiadas pelo sertão, com sua caderneta a tiracolo, ouvindo os boiadeiros, as mulheres, as crianças, observando com atenção, anotando, Rosa entregava-se a beber na Fonte, para depois, burilado, nos ofertar, como resultado, saborosa e nutritiva refeição para a *alma*. Esse encontro pessoal com o *sertão*, assim realimentado, necessidade íntima de Guimarães Rosa, *transmutava-se* em linguagem poético-literária em seus livros.[8]

Por outro lado, Rosa sabe que o processo moderno veio para ficar e está consciente de que o *retorno é impossível* (Galvão, 1978, p. 13-35). Nisso reside a postura crítica de Rosa, a sua "segunda inocência" (recorrendo à feliz expressão de Paul Ricoeur). A *cidade* invade o *sertão* e, no mínimo, modifica-o. Impõe-se, e já se impôs. Porém, nas palavras de Riobaldo Tatarana, nesse processo, ante a constatação de que "O mundo quer ficar sem sertão" (Rosa, 1974, p. 220), emerge também a pergunta: "Cidade acaba com sertão. Acaba?" (Rosa, 1974, p. 129). Sendo que aí aparece uma daquelas dúvidas que nos podem fazer *sábios*.[9]

No entanto, para além dos esforços (ou da dinâmica) de toda uma cultura que se dissemina e esmaga o *sertão*, este – como florzinha que brota no asfalto – perdura. E a humanidade precisará sempre do *sertão*! (como geografia, em seu caráter metonímico, ao qual aludimos acima, e como atitude de contraposição poética ao mundo da lógica demonstrativa, do universo da razão tecnológica, instrumental, do sujeito moderno e pós-moderno que de algum modo permanece indivíduo *pensante* no horizonte do operacional).

Essa permanência e essa verdadeira *necessidade* que temos (admitamos isso ou não) do *poético* e do *sertanejo*, *sertânico*, para sermos efetivamente *humanos* é que nos movem a seguir interrogando: que espaço resta hoje, em nossas sociedades *avançadas*, para o *sertão*?

Ouvir a vida para poder transmiti-la"; "o que mais me influencia é a vida, a rua, o sertão".
8. Angel Rama (*Transculturación narrativa en América Latina*) nos fornece o conceito de *transculturação*. Rama reflete sobre literatos latino-americanos que transitam em dois universos culturais e os põem em diálogo orgânico. Cita, como exemplos típicos dessa atitude, José Maria Arguedas e o mundo andino peruano, e justamente a G. Rosa e o *sertão*. Ambos os autores circulam entre o universo letrado, moderno, e o *arcaico*. É assim que Rosa reencontra a *modernidade* e a *relê*, a partir do *sertão*.
9. Cf. Rosa: "Quem desconfia, fica sábio" (1974, p. 107).

Outro aspecto de relevo se situa no fato de que esse *reduto poético que perdura* sobrevive em criaturas e culturas marginais, seres que, em sua fragilidade e na desconsideração que padecem, protegem-nos com a suave armadura da *Poesia*.

E também nisso Guimarães Rosa é mestre: em pôr diante de nós personagens marginais do *sertão*, pessoas desvalidas e desvalorizadas, *desqualificadas*, e que, paradoxalmente, surgem como *portadoras da Sabedoria*.

1.1. O sertão marginal, ambientação recorrente de grande parte da obra rosiana

Uma simples mirada panorâmica sobre a obra de Rosa já nos confirma a presença dessas sábias criaturas poéticas marginais. O próprio conjunto do ambiente humano que perpassa a literatura de Rosa demonstra essa realidade ficcional do Autor (em outras palavras, a universalidade da mensagem do texto de Rosa se tece desde o cotidiano que se passa no microcosmo marginal do sertão). Mas, nesse horizonte, ressaltam-se algumas figuras coletivas ainda mais representativas: os contadores de causos, os rastreadores, os doidinhos, as crianças, os bardos populares, o coro das mulheres na cozinha e o *coro dos cegos na porta das igrejas*, a cantilena dos mendigos...

1.2. Os marginais do sertão como portadores da sabedoria

Dentre essa profusão de personagens do *sertão*, que fornecem o tom geral da obra rosiana, destacam-se algumas personagens individuais de peculiar densidade. Marcadas ainda mais pelo traço da marginalização (gente situada à margem, desprezada, antípodas quase, numa primeira e superficial mirada, de qualquer possibilidade de recolher em si alguma espécie de sabedoria), tais criaturas humanas afunilam e especificam ainda mais essa multidão de gente que habita o mundo marginal do *sertão* e que nos são apresentados como portadores/as de sabedoria: a Mula-Marmela e o Retrupé ("A Benfazeja", *Primeiras Estórias*); os recadeiros (tipologia narrativa caricatural de cinco modalidades de doidos, acrescidos do Joãozezim, menino pequeno e do cantador popular Laudelim Pulgapé, derradeiro elo da cadeia d'*O Recado do Morro*); o Grivo (menino pobre amigo de Miguilim em "Campo

Geral", e vaqueiro escolhido, após rigorosa *seleção de candidatos*, para se desincumbir da missão de buscador da Poesia para um velho entrevado no corpo e no coração, em "Cara-de-Bronze"); a criança Nhinhinha ("A Menina de Lá", *Primeiras Estórias*), os meninos irmãozinhos Miguilim e Dito ("Campo Geral")... E, dentro dessa lista quase interminável, o velho Camilo ("Uma Estória de Amor").

2. Uma estória de amor

"Uma Estória de Amor", também denominada "A Festa de Manuelzão", uma das sete novelas de *Corpo de Baile*, narra a trajetória e as indagações interiores do capataz de uma remota fazenda de gado, tendo como pano de fundo a festa popular de inauguração de uma pequena capela. Para *a Festa* (animada por Chico Bràabóz, sua rabeca e seus companheiros músicos, violeiros, sanfoneiros e as *dansas*), fora convocada toda a gente da redondeza, para quem os músicos "cantavam (...) historiavam" (p. 153).

A sombra da pobreza, padecida desde a infância, acompanha Manuelzão: "sempre esse susto de se vir a cair outra vez na pobreza. Era como ferrão de carreiro, espicando aguilhada nas moles costas" (p. 142). Os ricos e poderosos, como o senhor do Vilamão, são os *bem estabelecidos*. "Mas, o pequenino, o pobre, sofre, sofria sempre" (p. 142).

Outrora vaqueiro, só à custa de muito penar Manuelzão lograra galgar uma considerável ascensão social. Agora, às vésperas da velhice e tendo chegado a assumir a responsabilidade pelo lugar e coordenar as lides com o gado em nome do fazendeiro proprietário, Manuelzão se questiona: o que permanece de tanto esforço? Valeu a pena?

2.1. Dois personagens marginais emblemáticos

Congregadas para a Festa (evento em si singelo, mas não para a gente sertaneja do lugar, para quem a festa rompe com o duro cotidiano de trabalho e privações e introduz o horizonte de um *novo* possível), as personagens se sucedem, emergem no texto. E assim se revela uma hierarquia social pouco elevada. Excetuando-se os parcos representantes de outro patamar, mas que não habitam na Samarra ou seus arredores, o topo hierárquico alcança o seu teto no próprio Manuelzão, angustiado e modesto *chefe* do lugar. O desenrolar da narrativa nos dá a oportunidade de ver passar diante de nossos olhos peões, mulheres ocupadas com seus afazeres domésticos, doidinhos, adultos e crianças do *sertão*, esse mundo humano bem próprio de Rosa. No extremo mais baixo dessa classificação social aparecem uma Joana Xaviel e um João Urúgem, pessoas estigmatizadas.

João Urúgem, "homem-bicho", isolado da convivência humana, morador solitário de matos e grotas, primitivo *homem das cavernas*. Por conta de seus sofrimentos interiores, devido a uma versão infundada e falsa de que teria roubado algo, é que fora assumindo esse seu modo de vida, a ponto de que "não sabia mais falar corretamente com os outros" (p. 143; ver também: p. 119-120). Sobre o João Urúgem também se diz: "Sei que ele noite-vaga. Diz-se que fede feito raiva de gambá. Doença de loucura" (p. 174).

A certa altura da novela, porém, o narrador se pergunta: "Onde estaria dormindo o João Urúgem?" E completa:

> Esse não entrava debaixo de casas. Assumia no pé-de-serra, surgia e vinha ver festa. O mundo achava natural o João Urúgem assim. Cada um podia viver como queria, fazer o que haja, com o tempo tudo era igual, todo o mundo se acostumava. Trabalhar ou não, a gente nasce para o que faz. Cada um é um. Tudo se podia. [...] Mesmo os célebres que o João Urúgem aprendia a conhecer, dos matos, dos bichos, ele sabia era de um modo diferente do que as outras pessoas. (Rosa, 1977, p. 146)

Joana Xaviel, por sua vez, "vivia de esmolas" e tinha a má fama de que era "mexeriqueira" e que talvez até "furtava" (p. 134-135); que "causava ruindades" e que só não efetivava crime porque não tinha força "e era pobre demais" (p. 135). Mas, contando estórias, e ainda que sua maneira de narrar "gerava torto encanto" (p. 135), ela "fogueava um entusiasmo", "virava outra", maravilhava os ouvintes (p. 130); "no clarão da lamparina, tinha hora em que ela estava vestida de ricos trajes, a cara demudava (...)" (p. 130). Ela, "que era uma capioa barranqueira, grossa roxa, demão um ressalto de papo no pescoço, mulher praceada nos quarenta, às todas unhas, sem trato", mas com um "ardor" e brilho nos olhos que contagiavam (p. 130). Na festa, "sonsa", na cozinha (p. 130), mas "Joana Xaviel sabia mil estórias. Seduzia – a mãe de Manuelzão achou que ela tivesse a boca abençoada. Mel, mas mel de marimbondo!" (p. 133). E vivia "ensinando as estórias" (p. 130), que vão sendo contadas pelo *coro das mulheres na cozinha*... Ouvindo as estórias que Joana está contando, Manuelzão não consegue pegar no sono e, do outro lado da parede, não se desprende dessas vozes imemoriais que fundo lhe ressoam (p. 130).

Podemos reparar aqui, então, como esses dois personagens marginais aparecem também como reduto de sabedoria, a Joana por meio das muitas estórias que conhece e conta e o João Urúgem carregando oculto em si, em sua experiência marginal, seu *outro modo de saberes*.

2.2. O velho Camilo e sua centralidade no desenrolar da novela "Uma Estória de Amor"

Detenhamo-nos, contudo, naquele que é o personagem mais significativo, e que mais fortemente afeta a trajetória de Manuelzão (a ponto de emergir como um *outro*, diante do qual Manuelzão se reencontrará consigo mesmo): o velho Camilo. Também neste, e de modo ainda mais radical, aparece a ambiguidade, a ambivalência (todo contrário a qualquer veio maniqueísta), de quem é desconsiderado, mas guarda em si possibilidades outras, insuspeitas. Disso, a própria estória nos fornece uma chave à qual não devemos deixar de atentar, a oscilação verificável quando se passa do "v" minúsculo para o maiúsculo no final da narrativa: aí "o velho Camilo" se desvela como "Velho camilo" (p. 190. Grifo nosso); "o Velho Camilo" (p. 191. Grifo nosso).

As primeiras referências ao velho Camilo, e assim até quase o final da estória (a não ser pela insistência, aparentemente sem maior significado na narrativa, com que sua presença vai repontando), não permitem suspeitar que esse *velho* passaria de um personagem a mais, secundário como outros tantos. Porém, o final da novela nos mostrará o inverso: o velho Camilo se manifestará portador de sabedoria, especialmente para um Manuelzão repleto de questionamentos e buscas. O velho Camilo exercerá, assim, para Manuelzão, o papel de *contraponto* (segunda melodia, alternativa), talvez até seu *alter ego*, e será para Manuelzão *espelho* e ocasião epifânica da sabedoria. Reparemos que, uma vez mais, isso se dá por meio da *contação* de estórias.

A não valorização ao velho Camilo aparece desde o início da narrativa: "'Seco Riacho', que o velho Camilo falou." Mas logo segue o comentário de que ele "não tivesse ideia para esse falar, era duvidoso; e alguém acusara por ele", isto é, outra pessoa é que haveria de ter dito isso a ele, uma vez que ele não seria capaz de ideia própria sua (p. 114).

Basta perceber também a aproximação que é feita entre o velho Camilo e o *selvagem* João Urúgem, ambos alvo de chacota dos demais. Contudo, a reação do velho Camilo surpreende. Trata-se do episódio em que alguém arremata, no leilão, um animal sem serventia, e, para os presentes, surge a pergunta do que fazer com o prêmio. Resolve-se dar "para outro". E justo "p'ra quem?" Para o velho Camilo! Este, porém, espantosamente, manifesta um alto sentido de sua dignidade: "Ah, pra o velho Camilo tendo de receber o frango-d'água, e existindo com o bicho carregando, por ali... Mas o velho Camilo recebia em mãos o pobre pássaro, sem se quebrar o respeito, com senso de um dever. Riam, sem poder com ele" (p. 151). Riam dele e do João Urúgem. "'Dou para a Santa. É dúvida?' – ele dizia, sobre rebaixado" (p. 151).

Entretanto, nesse contexto, surge também a indagação: "Mas, por que era que a gente havia de tanto reparar, tanto notar, no velho Camilo?" (p. 151). "Que nem o velho Camilo, até vinha à ideia. Por que era que ele, Manuelzão, derradeiramente, reparava tanto no velho Camilo?" (p. 126).

Essa *sadia honra* vai despontando aqui e ali ao longo do texto, ao lado da caracterização *marginal* do velho Camilo. Manuelzão mesmo não quer pôr em jogo a sua autoridade levando a sério o velho Camilo, pois este "podia estar com aquelas ações [de ir rezar e levar flores ao túmulo da mãe de Manuelzão] só por caduquice" ou por "adulação" (p. 116-117). Manuelzão não está disposto a arriscar a sua fama por conta de alguém como o velho Camilo, que "era apenas uma espécie doméstica de mendigo, recolhido, inválido, que ali viera ter e fora adotado por bem-fazer, surgido do mundo do Norte (...) toda fazenda abrigava um coitado desses" (p. 117), que não se prestava para a lida.

Analfabeto, ex-escravo, menino de uns dez anos de idade à época da *abolição* (1888) e agora passando já dos 80. Aparecera pela fazenda da Samarra e ali permaneceu.

> Vinha só para poder receber o que lhe dessem. Mas mandaram-lhe que viesse definido e ficasse. [...] Ao que ficou. Deu o nome, que experimentou escrever, mas não soube, não se alembrou mais, experimentou atoa, com a ponta de um tição preto numa régua do curral. Parou triste. Camilo José dos Santos... E informou idade de oitenta anos para fora: tinha uns oito ou dez, na Alforria do Cativeiro. (Rosa, 1977, p. 117-118)

Caracterizado, pois, como alguém por quem ninguém *dava nada* por ele (um velhinho mendigo, sem paradeiro nem família): "Uns, pobres de ser, somenos como o velho Camilo, esses nem tinham poder de nada, solidão nenhuma. Viviam, porque o ar é de graça, pois" (p. 142). Meio doido, talvez. E amasiado com a Joana Xaviel ou com ela pretendendo viver *uma estória de amor* (atentar ao título da novela; ver: p. 144): "Não adiantava encalcar, com ele porfiar. Mesmo permanecia ali porque gostava de Joana Xaviel. Gostava, de amor?" (p. 131).

Talvez por isso é que "o velho Camilo não entrava para a cozinha, tivesse ou não vontade, decerto tinha, não entrava era porque falhava ao jeito, se vexava sendo de amor" (p. 133).

Amor sim, mas proibido e reprimido pelo entorno social, via autoridade do Manuelzão, para não redundar em mau exemplo. Tinham vivido juntos mais de seis meses. "Daí muito se disse que aquilo não resultava bem, os dois, não dava (...). Tinham de se apartar, para a decência (...). Se apartaram" (p. 143-144). Afinal:

> Mas, tinha lá alguma graça aquela estória de amor nessas gramas ressequidas, de um velhão no burro baio com uma bruaca assunga-a-roupa? A de menos que ele, Manuelzão, como chefe, como dono, é que ia ter mãezice de tolerar os casos, coisa que a todos desapraz? Procedeu. Se penavam por conta disso, era a vida em seus restantes, não se carecia de ter escrúpulo – caducagem dum, vadiação de outra – nem de se conceder, a tal. (Rosa, 1977, p. 144)

Outras pessoas também tinham "a inocência de gostar dela" (de Joana Xaviel; com outras modalidades de amor): a mãe de Manuelzão, as crianças... Mas o velho Camilo, vindo nem se sabe de onde, e

> pegara a viver com a Joana Xaviel, na mesma cafúa. Como havia de ser a vida deles dois, lá, na casinha sem dono, na chapada? Como era que eles conversavam? [...] Como é que duas criaturas assim se gostavam? Vê-se em mundo cada coisa! (Rosa, 1977, p. 142-143)

O velho Camilo, "retreito, vergonhoso", e a quem atribuíam certo grau de caduquice, considerado por vezes um "pateta" (p. 144), acompanha a festa de longe, desde o terreiro. Convidado, não aceita entrar... É quem fica do lado de fora, à margem...

> A mãe de Manuelzão, se viva, também havia de ter falado com o velho Camilo para entrar, vir ouvir cá dentro. A noite seroava fria, até fazia mal, na idade dele. Velho Camilo agradecia, estava a cômodo, sentado no toco, na boca

da escuridão. Só um menos apartado, feito os pobres cães cachorros, que se deitam, satisfeitos, perto das pessoas. (Rosa, 1977, p. 131)

No cotidiano, o velho Camilo era *criatura trivial*, mas, agora na Festa, "ele perdia o significado de ser – semelhava um errante, quase um morto (...) se declarava a pessoa separada no desconforme pior: botada sozinha no alto da velhice e da miséria" (p. 126).

É desse velho Camilo que se declara, porém que "A mãe de Manuelzão gostava delas, das fogo-apagou. Gostava de todas as criaturas inofensivas e vulneráveis – os meninos, a rolinha pedrês, o Velho Camilo" (p. 116). Esse velho, que chegara

> asilando-se em ranchos ou cafuas mal abandonadas no campo sujo [...]. Era digno e tímido. Olhava para as mãos dos outros, como quem espera comida ou pancada. Mas às vezes a gente fitava nele e tinha a vontade de tomar-lhe a benção. (Rosa, 1977, p. 117)

O velho Camilo, na festa, acompanha as orações e cantos. Mesmo nos dias comuns, cantava e discorria assuntos, contava estórias, versejava (p. 128), o que "aprendera, em qualquer parte (...) pelas voltas do mundo" (p. 129).

Como não possuía as letras, o velho Camilo guardava tudo de memória, "então mais tarde era que se achava o querer solerte das palavras, vindo de longe, de dentro da gente mesmo" (p. 129). Conservava vivos os versos que nunca morrem: "As quadras viviam em redor da gente, suas pessoas, sem se poder pegar, mas que nunca morriam, como as das estórias. Cada cantiga era uma estória" (p. 129).

E mantinha sempre o seu modo de dignidade, por detrás da descuidada aparência: "A vida não lhe desfizera um certo decoro antigo, um siso de respeito de sua figuração" (p. 118).

Manuelzão, querendo se ocupar apenas da dimensão prática da vida, ao mesmo tempo persegue o sentido da existência. Por isso é que não consegue se *livrar* das estórias.

As estórias contadas pela Joana Xaviel.

E a estória do *desmerecido* velho Camilo.

Ao fim, Manuelzão intui, *desconfia*, que o velho Camilo pudesse querer lhe dizer algo: "Que era que esse velho Camilo havia de pensar e dizer – ele, idoso mais, homem de ruim cabeça, miserável de roupa (...) Será que o velho Camilo sabia outras coisas?" (p. 178); "assim, todo vivido e desprovido de tudo, ele bem podia ter alguma coisa para ensinar... Mas o velho Camilo, o que soubesse, não sabia dizer, sabia dentro das ignorâncias. A ver, sabia era contar estórias" (p. 179).

Manuelzão se questiona:

> Iam judiar mais com o velho Camilo? Tinham judiado? Daí, pois, perguntava. Perguntava? – 'Seo Camilo...' Que era que ia indagar? Só se mandando. Mandava. – 'Seo Camilo...'" E por fim cria coragem e pede, *manda*: (satisfaz seu íntimo desejo, sob a forma do exercício da autoridade): "– Seo Camilo, o senhor conte uma estória!"; "assim de só ser, sem razão. Uma estória". (Rosa, 1977, p. 179)

E o velho Camilo aceita o convite:

> Mais o velho Camilo entendeu, obedeceu. Alguns ainda riram dele. // – Caso eu tenho, por contar... // O velho Camilo estava em pé, no meio da roda. Ele tinha uma voz. Singular, que não se esperava, por isso muitos já acudiam, por ouvir. Contasse, na mesma da hora. Ele, assaz, se começou: // A estória do velho Camilo. (Rosa, 1977, p. 179)

Segue-se, no texto, a estória contada pelo velho Camilo, narrador do *Romanço do Boi Bonito* e do vaqueiro Menino ("O meu nome a ninguém conto, pois o tenho verdadeiro. Se o meu nome arreceberem, sina e respeito eu perdo. Me chamem de nada, até saberem: se sou tolo, se sou ladino. Enquanto eu não tiver nome, me chamem só de Menino..." (p. 181). Uma estória dentro de outra estória: a estória do Boi, contada pelo velho Camilo, inserida em "Uma estória de Amor", de João Guimarães Rosa.

A bela estória desperta reações nos ouvintes. A estória encanta, provoca a grande admiração de todos, que muito se emocionam! E reconhecem: "– Seo Camilo, a estória é boa!" (p. 192). Nem sequer Joana Xaviel conhecia tal estória: "Joana Xaviel de certo chorava. Essa estória ela não sabia, e nunca tinha escutado. Essa estória ela não contava. O velho Camilo que amava. Estória!" (p. 191).

O narrador da novela respalda: "Cantiga que devia de ser simples, mas para os pássaros, as árvores, as terras, as águas. Se não fosse a vez do Velho Camilo, poucos podiam perceber o contado" (p. 191).

Toda gente reunida para escutar... No texto de "Uma estória de amor" são listados muitos nomes, dos ouvintes (p. 180), assim como o Fazendeiro da "Décima do Boi e do Cavalo" (p. 180) convocara toda a vaqueirama (p. 182-183).

"Povo, povo, trazer um assento de tamborete, para o velho Camilo se acomodar. [...]" "Maranduba vai-se ouvir! [...] Toquem as violas. [...] Seo Velho Camilo em fim de festa, carece de recomeçar. [...] Espertem essas fogueiras – seo Camilo é contador!" (Rosa, 1977, p. 180).10

O convite se estende, então, a nós: "De daí, ô gente, afora me venham, para perto, e queiram, todo o mundo a escutar. Ao velho Camilo de gandavo, mas saído em outro velho Camilo, sobremente, com avoada cabeça, com senso forte" (p. 180).[11]

Pseudoconclusão

O velho Camilo emerge do texto de "Uma estória de amor" como *alter ego* de Manuelzão, evocando os seus medos, suas dúvidas, suas buscas: a chegada da velhice, alguma possível doença (p. 128), a memória da miséria e a sombra do retorno a ela...

O velho Camilo, personagem marginal, por quem *não se dá nada*, revela-se, assim, como o sábio que, por meio da narração de estórias, serve de espelho para Manuelzão reencontrar-se, mais reconciliado, consigo mesmo.

Reconhecendo isso, Manuelzão exclamará: "Mas não desrespeitem o velho Camilo!..." (p. 179). E, ao fim, confessará: "está clareando agora, está resumindo" (p. 192). Dirigindo-se a Camilo, não mais tratará esse como um *velho*, e sim como *senhor* ("seo Camilo").

O horizonte universal do *mito*, na narrativa de "Uma estória de amor", é evidenciado pelo próprio texto da novela: a estória do velho Camilo se passa n' "a Fazenda Lei do Mundo, no campo do Seu Pensar...", e se localiza "no centro deste sertão e de todos", "quando tudo era falante..." (p. 180).

"Uma estória de amor" se constitui, desse modo, para nós, em uma forma de não permitir que a sabedoria de vida, em seu alcance universal,

---

10. "Maranduba", cf. Martins (2001, p. 321): "[...] história [estória] de guerra ou de viagem, inverossímil ou fabulosa". Em relação à verdade própria da ficção e do poético, conferir o afamado poema *Autopsicografia*, do "Cancioneiro", de Fernando Pessoa (1981, p. 201): "O poeta é um fingidor // Finge tão completamente // Que chega a fingir que é dor // A dor que deveras sente". Reparar, no texto de "Uma estória de amor", a alusão à fogueira, em redor da qual tradicionalmente se compartilhavam as velhas estórias.
11. "Gandavo". Cf. Martins (2001, p. 244): "contador de histórias [estórias] e fábulas; mentiroso". Só que a *mentira* dessas narrativas *ficcionalizadas, fabulosas* esconde a verdade maior do poético. Ver nota anterior.

em forma narrativa consignada nas velhas e belas estórias, quede fadada ao esquecimento; não deixar que essa sabedoria popular e milenar seja votada ao *desperdício da experiência*.[12]

"Diz-que-direi sucedeu..." (p. 180) – Mais uma modificação rosiana do *era uma vez* com que começam as estórias...

"A boiada vai sair. Somos que vamos."; "A boiada vai sair!" (p. 193).

O riachinho seco pode voltar a correr de novo!

Permanece de pé o refrão do velho Camilo, do Velho Camilo: "É dúvida?" (p. 193).

Referências bibliográficas

ARROYO, Leonardo. *A cultura popular em Grande sertão: veredas: filiações e sobrevivências tradicionais, algumas vezes eruditas*. Rio de Janeiro: José Olympio / INL / Pró-Memória, 1984.

BIZZARI, Edoardo. "Guimarães Rosa e Vico: notas sobre uma poética rosiana". In: *O Estado de São Paulo*. São Paulo, 19 nov. 1972. Suplemento literário. p. 6.

CASTRO, Vander de (reportagem); SILVA, Eugênio (fotos). "Guimarães Rosa fala aos jovens". Reportagem-entrevista para a revista *O Cruzeiro*, n. 65, 23 dez. 1967. p. 4-7.

COUTINHO, Eduardo de Faria (org.). *Guimarães Rosa*. Rio de Janeiro: Civilização Brasileira / Brasília: INL, 1983. (Coleção Fortuna Crítica, 6)

FREITAS, Ana Lúcia Souza de; MORAES, Salete Campos de (orgs.). *Contra o desperdício da experiência (a pedagogia do conflito revisitada)*. Porto Alegre: Redes Ed., 2009.

GALVÃO, Walnice Nogueira. *Mitológica rosiana*. São Paulo: Ática, 1978.

KUNZ, João Rudimar. *A palavra criadora de Guimarães Rosa*. [s/r]

MARTINS, Nilce Sant'Anna. *O léxico de Guimarães Rosa*. São Paulo: Edusp, 2001.

PESSOA, Fernando. *Mensagem/ À memória do presidente-rei Sidónio Pais/ Quinto Império/ Cancioneiro*. Rio de Janeiro: Nova Fronteira, 1981.

---

12. A expressão é do sociólogo português Boaventura de Sousa Santos. Ver Freitas (2009). Trata-se de uma discussão com o texto de Boaventura, "Para uma pedagogia do conflito" (transcrito no livro nas p. 15-40), mas publicado originalmente em Silva (1996).

RAMA, Angel. *Transculturación narrativa en América Latina*. México: Siglo Veintiuno, 1985.

RÓNAI, Paulo. "Os vastos espaços". In: ROSA, João Guimarães. *Primeiras estórias*. Rio de Janeiro: Nova Fronteira, 2001. p. 13-47.

_____. *Pois é* (ensaios). Rio de Janeiro: Nova Fronteira, 1990.

_____. "Rondando os segredos de Guimarães Rosa". In: ROSA, João Guimarães. *No Urubuquaquá, no Pinhém (Corpo de Baile)*. 9. ed. Rio de Janeiro: Nova Fronteira, 2001. p. 17-25.

ROSA, João Guimarães. *Correspondência com seu tradutor italiano Edoardo Bizzarri*. 2. ed. São Paulo: T. A. Queiroz Ed. / Instituto Cultural Ítalo-Brasileiro, 1981.

_____. *Grande Sertão: Veredas*. 9. ed. Rio de Janeiro: José Olympio, 1974.

_____. "Manuelzão e Miguilim". *Corpo de Baile*. 8. ed. Rio de Janeiro: José Olympio, 1977.

_____. "No Urubuquaquá, no Pinhém". *Corpo de Baile*. 6. ed. Rio de Janeiro: José Olympio, 1978.

_____. *Primeiras estórias*. 14. ed. Rio de Janeiro: Nova Fronteira, 1985.

SILVA, Luiz Heron da. *Novos mapas culturais, novas perspectivas educacionais*. Porto Alegre: Sulina, 1996.

SILVA, Rogério Mosimann da. "O vau do mundo é a Alegria! (pequeno estudo, para o nosso tempo, de um tema rosiano, e humano)". In: ROHDEN, Luiz; SILVA, Rogério M. da (orgs.). *Veredas da palavra no sertão rosiano*. São Leopoldo: Ed. Unisinos, 2012. p. 89-109.

_____. "Sabedoria Poética no Sertão: Guimarães Rosa e Vico". In: *Em Tese* (Revista do Programa de Pós-Graduação em Letras: Estudos Literários, Pós-Lit, Belo Horizonte, UFMG), v. 8, dez/2004, ano 8. p. 209-218.

_____. "Teologia e Literatura na ótica das pessoas pobres no século XXI". In: *Perspectiva Teológica*, 42. ed. 2010. p. 227-240.

_____. "Vozes *sertanezas*, ou da arte de bem explodir ideias". In: ROHDEN, Luiz; PIRES, Cecília (orgs.). *Filosofia e Literatura: uma relação transacional*. Ijuí: Ed. Unijuí, 2009. p. 117-132.

VICO, Giambattista. *A Ciência Nova*. Tradução Marco Lucchesi. Rio de Janeiro/São Paulo: Record, 1999.

VIDA ENSINADA – EM BELAS PALAVRAS
Guimarães Rosa, leitor de Platão

Suzi Frankl Sperber[1]

"Porém, para melhor tranquilizá-lo, digo a verdade a Você. Eu, quando escrevo um livro, vou fazendo como se estivesse traduzindo, de algum alto original, existente alhures, no mundo astral ou no 'plano das idéias', dos arquétipos, por exemplo." Eis o que escreveu João Guimarães Rosa a Edoardo Bizzarri, em carta de 4 de dezembro de 1963. Nesse trecho, como em outros, como quando explica "eu sòmente queria – ficar sendo!"[2], Rosa se refere a Platão: "É uma afirmação metafísica. Religiosa. A gente ainda não é o que 'é'. É um 'devenir'. Cada um de nós precisa ainda de chegar a ser o que é (Platão, o modelo ideal, etc. etc.)" (Carta a J.J. Villard, 27 mar. 1965).

Guimarães Rosa, conforme sabemos pelo levantamento de livros contidos em sua biblioteca particular, leu *Diálogos, Apologia de Sócrates, Críton, Fédon, Górgias, A República, Íon, Protágoras, Fedro, O Banquete* e talvez outros livros mais, visto que leu livros de bibliotecas públicas e outros que deixou em alguns dos países onde trabalhou no serviço diplomático. Procurar aspectos platônicos em suas obras é válido, ainda que não obrigatoriamente fácil. Por meio das citações acima, vemos que o mundo das ideias e dos arquétipos estava presente em suas considerações.

A teoria da reminiscência, exposta nos diálogos de Platão *Ménon, Fédon* e *Fedro*, é relevante para o entendimento do fenômeno da aprendizagem que leva ao mundo das ideias. A relação da aprendizagem e da reminiscência pode ser resumida nestas palavras de Platão:

---

1. Professora titular e professora colaboradora da Universidade Estadual de Campinas – Unicamp.
2. As citações de textos rosianos obedecerão à grafia das publicações, sem serem atualizadas.

se é verdade que existem, como de contínuo dizemos, o belo, o bom e todas as essências deste gênero; se a elas referimos todas as percepções dos sentidos como a coisas que já existiam antes e que eram nossas; e, se comparamos com as mesmas as nossas percepções, há-de infalivelmente, assim como aquelas essências existem, ter existido a nossa alma, mas ainda antes de nascermos. (Platão, *Fédon*, 76 d, e)

Para ilustrar a natureza humana, Platão narra o chamado *mito de Fedro*. Nele, Sócrates compara a alma a uma força natural composta por um carro puxado por uma parelha de cavalos alados e por seu cocheiro. Os cavalos dos deuses e os respectivos aurigas são bons e feitos de elementos nobres, porém, os dos outros seres são misturados. O cocheiro dirige uma parelha desigual: um dos cavalos da parelha é belo, nobre e oriundo de raça também nobre, enquanto o outro é o contrário disso, tanto em si mesmo como por sua origem. Por essa razão, é difícil a direção das rédeas. É sempre a alma toda que dirige o que não tem alma e, percorrendo a totalidade do universo, assume formas diferentes, de acordo com os lugares. Quando é perfeita e alada, caminha na altura e governa o mundo universal. Vindo a perder as asas, é arrastada até bater nalguma coisa sólida, onde fixa a moradia e se apossa de um corpo da terra que pareça mover-se por si mesmo, em virtude da força própria da alma (Platão, *Fedro*, 246 a, b e c). O mito continua descrevendo a "queda" da alma no corpo, conforme perde as asas. Trata-se de uma espécie de "pecado original" que, de forma paralela à do cristianismo, a partir do Antigo Testamento, explica a condição humana.

O céu de Platão é a região do supraurânio em que se encontravam as almas que conheciam as essências de todas as coisas.

Procurarei identificar ideias platônicas em "A estória de Lélio e Lina". Para além do exercício que relaciona a novela a Platão, tais ideias nos encaminharão para uma interpretação que privilegia a metafísica.

A estória de Lélio e Lina

"NA ENTRADA-DAS-ÁGUAS, tempo de afã em toda fazenda-de-gado nos Gerais, um vaqueiro de fora chegou à do Pinhém. Era de tarde, (...)" (Rosa, 1964, p. 131). Assim começa "A estória de Lélio e Lina", conto ou novela de *Corpo de Baile* de João Guimarães Rosa. É o começo de um conto de fadas complexo, espiritual, com cara de narrativa simplória de vaqueiros e com marcas platônicas, especialmente do *Fedro*, do *Banquete* e de *O Sofista*. Por que conto de fadas? Porque tem a função fundamental dessa forma simples (assim se chama, sendo complexa), função positiva, de instrumento para encaminhar a personagem principal para a superação de suas dificuldades internas, para vencer seus limites (internos, que se apresentam simbolicamente como se fossem externos). A superação das dificuldades internas pressupõe amadurecimento – e desenvolvimento espiritual. É uma iniciação – que visa a aprendizagem da – e com a – alteridade. Os confrontos com situações difíceis deverão levar a reconhecer o outro, a não aniquilá-lo, a admitir e a aceitar a dor, a abrir-se para o que surja à frente da personagem-tema.[3] O emprego do conto de fadas é paralelo ao uso do mito por Platão. São duas as formas simples básicas: o mito e o conto de fadas. Os contos de fadas começam com uma indicação imprecisa tanto geográfica como de temporalidade.

Em toda "A estória de Lélio e Lina", os nomes e a descrição do espaço físico da fazenda nos dão, por um lado, a impressão de contextualização eventualmente precisa de Minas Gerais. Por outro lado, a primeira frase – acima citada – é vaga em sua precisão, porque o tempo das águas, as fazendas de gado, os vaqueiros de fora são de todas as partes. Gerais está para Minas Gerais. Sem parte do nome – Minas –, Gerais aponta para um lugar qualquer. A referência torna-se, na imprecisão, ampla e vasta. O "vaqueiro de fora" é um "estrangeiro", como estrangeiro é um dos debatedores de *O Sofista* de Platão. Diversos estrangeiros são interlocutores de Sócrates em seus *Diálogos*. Estes são o inesperado e o outro.

---

3. Vejamos o que se tornou aceito desde o início das civilizações. A sabedoria levaria em conta a atitude do homem de estudar maneiras de se relacionar melhor com o meio social. A sabedoria é de singular importância para a questão do "tratar as pessoas", e, por isso, o conceito geral é que sabedoria é certo conjunto de inteligência e paciência, espera da hora certa para reagir. Ou seja, um sábio é aquele que tem paciência e inteligência para executar o que quer que seja relacionado ao outro. Ele decide corretamente, sempre respeitando a moral, a ética e os costumes. Tornou-se aceito considerar que agir com sabedoria seria sinônimo de:
- Fazer o certo na hora certa;
- Respeitar o pensamento alheio;
- Ser *gentil* para com as pessoas;
- Ser *humilde*;
- Tratar o outro como gostaria de ser tratado;
- Enxergar o dia a dia, não o seu, e sim ao redor, de situações das mais diversas e observá-las.

Esse começo lembra em algo "O burrinho pedrês", visto que o burrinho aparece inesperadamente aos olhos do Major Saulo, o fazendeiro, que estava na varanda com o problema de precisar de mais uma montaria para acompanhar o gado para a estação de trens. O burrinho é sábio, em meio aos cavalos, e não era esperado. O "vaqueiro foriço" d'"A estória de Lélio e Lina" não passa despercebido pelo seo Senclér[4], que estava na varanda dessa outra fazenda, a de Pinhém, e repara no vaqueiro novo, como o Major Saulo avista o burrinho. *Corpo de Baile*, obra que abriga "A estória de Lélio e Lina", é assim: sua temática e personagens giram em torno da obra anterior e posterior de Guimarães Rosa. Personagens, temas, linguagem dialogam entre si. As obras falam do sertão e o sertão é o mundo (como disse Antonio Candido).

A novela é narrada em terceira pessoa, como as duas anteriores de *No Urubuquaquá e no Pinhém*: "O Recado do Morro" e "Cara-de-Bronze". Olhos, ouvidos e inteligência do narrador retiram do que apresenta a sua matéria vertente. *No Urubuquaquá, no Pinhém* é o segundo volume de *Corpo de Baile*, espécie de antologia de poesia, ou novelas ou romances, como os designa Guimarães Rosa, sendo que *Corpo de Baile* acabou sendo dividido em três volumes. "A estória de Lélio e Lina"[5] trata de um mundo com similaridades com o das demais narrativas: é "o sertão do rio Urucúia" (LL, p. 133). A natureza é formosa e tem voz, quase antropomorfizada na beleza da linguagem sonora. As imagens sugestivas ganham espaço graças à novidade léxica. O olhar descritivo se move como uma câmera cinematográfica, acompanhando o movimento do que é enaltecido: o céu, as nuvens, os cavalos, os cavaleiros.

> Era de tarde, sob um rebuço de calor – o quente de chuva – quando as nuvens descem com peso e a camisa se cola em corpo de homem; dia de meio-céu. A pulso fora o esforço: [...] De torna lufa, a vaqueirama no pátio vinha de desarrear e amilhar: ainda ali os onze cavalos se ajuntavam, todos êles cabisbaixos. Da varanda, seo Senclér tirava conversa com o pessoal. E o vaqueiro foriço apareceu, montado num animal pampa; um cachorro seguia-o. (LL, p. 131)

O ato de *olhar* é sublinhado como importante: "De pronto, *relancearam* o que nele havia a *ver*, a *olho* de vaqueiro: (...)" (LL, p. 131).

---

4. Nome abrasileirado do romance *Sinclair das Ilhas* de Elizabeth Helme, referido por Guimarães Rosa por ser romance lido nas fazendas do início do séc. XX.
5. A partir desse ponto, "A estória de Lélio e Lina" será citada como LL.

Como o novo espaço em que Lélio viera é diverso e plural, a sua própria apreensão também acontecerá com a ajuda dos olhos: "Os outros estavam sendo mó de muitos, davam para se *olhar* a vulto, não para se ficar de uma vez conhecendo" (LL, p. 134).

Saberemos desse universo aos poucos, conforme o olhar da personagem guia – Lélio – nos apresente detalhes, olhar que, às vezes, recobre o olhar da voz narrativa. A caracterização do foriço ("Eu sou o Lélio do Higino" – LL, p. 132) é feita por meio de diálogos:

– Pois, veio por caçar no Chapadão o lume da fama do pai?
– Também nhor não. Só saudade de destino.
– Você é solteiro, então?
– Nhor, sim, sôlto, solto.
– Tem arma alguma?
– Assim, se não é dúvida, um revolvrim meu, na patrona...
– Disso, próprio, gosto: é arma resguardada. (LL, p. 133)

A trajetória de aprendizagem levará à iniciação que se dará de acordo com as experiências vividas: não basta o olhar; é preciso ser tocado por esse orbe diante do qual o sujeito está indefeso, em busca de um destino alguma vez já aprendido: "Só saudade de destino." Eis uma sugestão do conhecimento antes do nascimento. Não é a memória clara da realidade antes da queda, da perda das asas: é apenas a vaga lembrança de um saber anterior.

Sobre seo Senclér, que fizera umas perguntas ao rapaz vindo de longe, a voz narrativa diz que ele "Gostava do em-ser do vaqueirinho, do rumo de suas respostas." Aprendemos que seo Senclér vê que o foriço é bom, inteligente, valente.

As mulheres em uma comunidade masculina

Desde o início da narrativa há diálogos assinalados de maneira a que se repare especialmente neles: há muitas aspas e travessões, chamando a nossa atenção. Esse é um indício de que o Autor sublinha o diálogo – que nos remete aos *Diálogos* de Platão e à maiêutica, o sistema platônico de levar o interlocutor ao conhecimento. Guimarães Rosa leu os *Diálogos* de Platão, sublinhou partes com cores diferentes, assinalou à margem, após exclamações em alguns trechos.

Há nomes de personagens que percorrem *Corpo de Baile*, sendo repetidos em "Campo Geral", "Buriti", "A estória de Lélio e Lina". Cenas de diferentes obras de Guimarães Rosa repercutem umas em outras. As epígrafes de Platão e Plotino – e Ruysbroek – em *Corpo de Baile* sugerem uma relação entre as novelas. A recorrência de elementos que compõem cenas de narrativas e a valorização do nome de plantas, animais, objetos, lugares e personagens levam-me a comentar o nome Rosalina. Ainda que seja personagem feminino, representa e simboliza o conhecimento e a sabedoria – e contém o nome ROSA, de João Guimarães. Vale lembrar que o dono da fazenda Pinhém é Senclér, nome que vem do romance *Sencler das Ilhas*, referido em *Grande Sertão: Veredas*. Senclér, ou Saint-Clair ou Sinclair é a personagem principal do romance referido. A mulher de Senclér é Ambrosina. Rima com Rosalina – e contém ambrosia, o manjar dos deuses do Olimpo, que dava e conservava a imortalidade. O nome é sublinhado de outro modo na novela, o que confirma a hipótese – e sublinhado pela própria personagem: "Rosalina. Você acha bonito, o nome? Já fui mesmo *rosa*. Não pude ser mais tempo. Ninguém pode... Estou na desflor" (LL, p. 183). Rosalina, a velhinha de corpo e voz jovens, sublinha a proximidade da morte. Rosa, João Guimarães Rosa, já em *Corpo de Baile* pensa na morte, na sua morte. E espalha pétalas de conhecimento que incluem esse tema por suas obras.

Propor que o conhecimento está contido em e por Rosa corresponderia a uma arrogância (*hybris*) de João Guimarães Rosa? Não creio. Parece-me que sinaliza a importância da sabedoria de Rosalina e sugere que o leitor deverá levar em conta seriamente o que ela diz, já que o próprio Autor guia a leitura. O objetivo especial do filósofo e a felicidade maior do ser humano é chegar à visão da realidade. A trajetória de Lélio vai nessa direção, a da sabedoria, isto é, a essa visão especial da realidade. Qual é ela? E como chegar a ela?

Lélio detém, já no começo, um conhecimento:

> A um modo, quando descobria, de repente, alguma coisa nova importante, às vezes ele prezava, no fundo de sua idéia, que estava só se recordando daquilo, já sabido há muito tempo, muito tempo sem lugar nem data, e mesmo mais completo do que agora estivesse aprendendo. (LL, p. 137)

Trata-se de um conhecimento ancestral, posso dizer que proveniente do mundo platônico das ideias: "estava só se recordando daquilo, já sabido há muito tempo, muito tempo sem lugar nem data, e mesmo mais completo do que agora estivesse aprendendo". Rosalina contém, já no presente dos acontecimentos, a sabedoria.

Aprenderemos, ao longo da narrativa, que Rosalina teve mais de um marido e que é mãe de Alípio, proprietário das terras onde vive. No *Fédon* (Phaedo) de Platão, no exemplar da biblioteca de Rosa, na página 101, sublinhado e assinalado a lápis, à direita, lemos o seguinte: "Bem, acrescentou ele então, suponhamos que haja dois tipos de existências, uma vista e outra invisível." Um dos tipos é a existência no mundo das ideias e o outro – já sem asas – é a existência na Terra. Para entendermos Rosalina, essa concepção das duas existências é relevante. O dito e o não dito[6] compõem a estratégia dessa novela, feita de poesia, sonoridade, canto e suspense. Qual é sua trama? Chega à fazenda Pinhém um jovem forasteiro disposto a viver o cotidiano como sendo seu destino[7]. Chega de peito aberto, destemido, disposto a acolher todo saber que o toque, tem necessidade de estar com mulheres, faz sexo com as duas prostitutas do lugar e conhece algumas moças que, inicialmente, o encantam e depois desencantam. Sua referência amorosa, por um bom tempo, é a recordação de Sinhá-Linda (a Mocinha do Paracatu), jovem por quem se apaixonara e que vive longe da fazenda Pinhém. Durante o ano em que viveu no Pinhém, a vida sentimental de Lélio foi marcada pela presença (física ou mental) de várias mulheres, além da memória de Sinhá Linda: as Tias, Mariinha, Manuela, Chica, a Jiní e Dona Rosalina. Portanto, a intriga da narrativa é feita quase que exclusivamente de relações amorosas. Ora, lemos em Platão: "Com efeito, uma das coisas mais belas é a sabedoria, e o Amor é amor pelo belo, de modo que é forçoso o Amor ser filósofo e, sendo filósofo, estar entre o sábio e o ignorante" (Platão, *O Banquete*, 204b).

Em cada caso amoroso sucede algo e Lélio aprende, sendo orientado quase todas as vezes por Dona Rosalina.

---

6. Expressão que fez parte do título do evento em que foi apresentada esta conferência: "III Simpósio de Filosofia e Literatura: Recados do Dito e do Não Dito".
7. "E foi a gente subir a beira-nuvens desses morros, onde a boiada havia de ir, mais triste, mas comprida, a gente em maior saudade, e ventava, aí, então, eu entendi, por uns momentos, este meu significado: de que nunca me valeram pai ou mãe, nem astúcias minhas, nem dinheiro, nem conselhos, mas o que vale à gente, nesta vida, é o vai-vem: o querer e não querer, e agüentar, e sentir e repetir e sofrer e não sofrer, e ir, e ir, e ir, sem saber como, nem aonde, nem por que" (LL, p. 133).

A primeira aprendizagem decorre da elaboração do desprezo de Sinhá-Linda por Lélio: Um vivido.

O resto era o que-há-de-vir. Lélio não se entristecia, sabia que nunca mais havia de encontrá-la, mas tudo de começo tinha sido mesmo sem nenhuma esperança pequena, êle não era louco, o fôgo é que corre com os pés para cima. (LL, p. 142)

Cada aprendizagem não é suficientemente resistente, definitiva:

Mas também não atinava com maneira de verdade para esquecer, por mais difícil do que matar uma palmeira ouricuri – que até cortada e caída no chão reenraíza: guarda sua água no profundo. Pensar nela dava a sôbre-coragem, um gole de poder de futuro. Mesmo agora, descido no comum da vida, querendo outras mulheres, carinhos fortes; mas, depois, um instante, primeiro de dormir, pensava nela, ao acautelado, ao leve. Pensava nela, assim só como se estivesse rezando. (LL, p. 142)

Dentre os demais amores, há dois bem complexos. Um é o de e por Manuela. O vaqueiro Canuto, que se soubera ser noivo de Manuela, depois de tê-la deixado e ao saber que Lélio começara a namorá-la, conta a Lélio que "A Manuela era resto de dois..." (LL, p. 213). Canuto levanta uma questão de honra, que demandaria pelo menos abandono e derrisão, senão assassinato. Dona Rosalina reage:

"– Mas só porque o Canuto é um bobalhão, e a Manuela uma bôa môça, você não tem que ficar atalhado assim..." Lélio a olhou com sobrancelhas altas, não entendia. E ela explicou: "-A Manuela tem saúde e lealdade. Teve confiança num, depois no outro." (LL, p. 215)

Adiante Rosalina solta outro comentário: "– Bem que êsse Canuto enquadrava para uma boa sova..." (LL, p. 215). Seguem outras considerações, todas sinal de sua sabedoria e o mais penetrante ensinamento para Lélio.

– A única que tem importância, é o sentimento fundo de cada um, meu Mocinho... Um homem deve saber principiar pela mulher que ele ama, sem o rascunho de aragens passadas. [...] Criatura humana é muito constante na tolice, tem a tolice na natureza, meu Mocinho. Custa muito para um poder solto de achar... (LL, p. 215-6)

Na sequência Lélio aprendeu a lição e reflete: "Agora, o pubo do Canuto, queria primazias! Somenos fôsse homem, e não um prazível diabo, de luto antes da mortalha, então se casava com a Manuela, e não andava abusando do segredo de terceiros" (LL, p. 216).

Substituindo o velho princípio machista das primícias, do conceito de honra e da lavagem da honra, cuja, digamos, ética leva em conta o macho e seus direitos, a ética proposta por Rosalina e aprendida por Lélio é a do respeito ao outro, a da fidelidade à palavra dada e a não sofrer por antecipação.

Cada um dos vaqueiros e cada uma das moças fazem o seu aprendizado. Fosse só o Lélio, a narrativa seria pobre. Sabe-se que a Jiní fora vítima de *estupro* de "um garroteiro corpulento, um barbado" (LL, p. 153), fora explorada como prostituta e acabara sendo levada à fazenda pela mão de seo Senclér[8], que a havia até mesmo enviado à cidade para tratar dos dentes. Pois a Jiní também aprende:

> A mal ela completava, em tanta doçura, que não igualava uma queixa: - "Eu, por mim, posso pensar em casamento com ninguém; quem é que eu sou..." Suspirado. "– ... Mas eu também careço de viver... Careço de ter quem me proteja..." Avante figurava uma menina ameigada e triste, entregue a essas ruindades do mundo. (LL, p. 228)

Luiz (Dagobert de Aguirra) Roncari é duro ao analisar Jiní em seu artigo:

> Essa curta biografia mostra como ela virá a ser o que sempre foi, uma "beleza sensível" que adquiria um valor monetário, e assim, de sujeito, Jiní se transformava num objeto de valor de uso, "mulata escura", "fino de cara", "corpo bem feito", "acinturado" etc., que adquiria um valor de troca nas mãos do "garroteiro corpulento", e voltava a se transformar num valor de uso com Seo Senclér, que ele procurava melhorar, mandando-a à cidade, "longe, para tratar dos dentes". Desse modo, passando de mãos em mãos, ela conhecia todas as metamorfoses no percurso da circulação da mercadoria. Porém, a mercadoria não é uma coisa neutra, ela tem um poder em si autônomo e ameaçador, o que a transforma num fetiche, e os que se encantam por ela estão sujeitos a serem destruídos, na medida em que a relação que ela determina é a entre objetos e não sujeitos: ou ela se dá pela troca simples entre objetos (ou corpos, para o

---

8. "Mas, mais em antes, dono da Jiní tinha sido – imagine – o seo Senclér, que a comprara de um garroteiro corpulento, um barbado. Esse das barbas, amásio da Jiní, viajava com ela, demorava nos lugares, mandava que ela fosse com outros, para arrancar dinheiro, ele mesmo fingia não estar vendo sabendo. Seo Senclér aí propôs compra definitiva, fechou o negócio por bons contos-de-réis. Mandou até a Jiní em cidade, viagem tão longe, para tratar dos dentes" (LL, p. 153).

uso nas suas funções específicas) ou pela mediação do dinheiro, o equivalente geral; com isso ela nega ou subordina, aviltando-os, a razão e o espírito. A sua vitória está na redução das relações humanas à sua materialidade, corpo por corpo, como na relação que Jiní estabelece com Lélio, a da troca simples, ou dinheiro por corpo, impedindo que a consciência e a subjetividade tenham espaço no intercâmbio entre os seres. Isso se torna mais grave quando se trata de relações amorosas, aquelas que podem abrir um caminho ao homem para a sua superação. (Roncari, 2004, p. 436)

Roncari vê Jiní ser transformada irrevogavelmente em objeto de uso, de troca: mercadoria. Entendo que Jiní de fato foi tratada como mercadoria, mas não se converte definitivamente em tal. Ela também aprende. Como todos, a Jiní não aprende de uma vez. Sem alguém que a ame realmente, abandonada por Lélio, Jiní tem a libido incendiada por outro – e por Lélio –, e enlouquece num instante de solidão, dor, desespero: "Aí, arre, prostrada, de repente, variava, agarrou um punhado do chão, dando a ele: – Pega terra, joga em mim!... – foi o que ela disse. Então chorou choro; mais não podia" (LL, p. 231).

O gesto corresponde ao punhado de terra atirado sobre o caixão do morto, quando enterrado, ou o gesto de contrição máxima, como lemos em Jó (42: 6): "Por isso menosprezo a mim mesmo e me arrependo no pó e na cinza". Como a morte corresponde à sua morte social e mesmo psíquica, uma vez humilhada e abusada, a Jiní se entrega indiscriminadamente em certo momento. As imagens são duras e doem em sua simbologia: "Mas eu também careço de viver... Careço de ter quem me proteja..." Nesse ponto da narrativa, a reação de Lélio revela a sua aprendizagem da *sym-pathos*, de sentir com o outro, a dor do outro:

"Podia ser minha irmã..." – ele surge pensou, perturbado por um dó que tomava conta dele, de estado, tão por calor, tão brandamente, [...] – "Você nem tem culpa, minha filha..." – ele falou. Com palavras moderadas; queria passar por suas palavras aquela pena sentida, o compadecimento, entregar a ela uma amizade e uma ajuda. (LL, p. 231-2)

A melhor forma de exprimir a *sym-pathos* é entender o outro como membro de uma família, num processo de inclusão. Que melhor forma de referir à inclusão que se entender como parte do universo do outro? Como Lélio considera que a Jiní poderia ser sua irmã, pergunto-me se Roncari entende a ideia de família apenas como real e direta – concreta – por ter sido assim enunciada. Jiní seria, então, a irmã de sangue de Lélio? E Rosalina, que Lélio chama, no fim da narrativa, de mãe Lina, seria a mãe de Lélio? Mas Lélio teve a mãe que ele conheceu. Rosalina poderia ter sido a mãe do pai de Lélio, isto é, avó de Lélio? Não há indícios disso na narrativa, diz o próprio Roncari, a não ser alguns mínimos recolhidos por ele.

As hipóteses de Roncari sobre o efeito de uma relação mercantilizada servem para refletir mais sobre a relação entre Lélio e Jiní. Lélio nutre por Jiní uma louca paixão. Jiní trai seu marido, mas não se vende a Lélio. A consciência e a subjetividade têm espaço no intercâmbio entre Lélio e Jiní e o sujeito Lélio não é destruído. Lélio passa a refletir sobre sua paixão e a traição ao amigo e agirá, deixando-a, ao se dar conta que em realidade não a ama. Talvez por isso Jiní se apresente, em um momento, como "menina ameigada e triste". A relação entre ambos não parece reduzida à sua materialidade, como o afirma Roncari.

Rosalina não reage como os homens do Pinhém ao relato de Lélio sobre a sua relação com Jiní: "– Pois, meu Mocinho, você espalha pétala de flor de cova, em cima de criatura viva?!" (LL, p. 232). É formulação mais poética que a da Jiní ("Pega terra, joga em mim!..."). Em todas as suas considerações, Rosalina revela sabedoria de forma poética. Entendendo a sabedoria de Rosalina como uma ficcionalização do conhecimento platônico, recorro a Benedito Nunes (1994, p. 133), o qual, inspirando-se nos estudos de Jung, associa "Sofia" a Dona Rosalina: "Na escala da simbologia amorosa em que devemos situá-la, Rosalina merece o lugar de Sofia, *Sapientia*, última etapa da cultura de Eros."

As relações *entre* os vaqueiros são menos complexas do que aquela entre estes e as moças que vivem na ou perto da fazenda de seo Senclér, ou entre todos sempre que houvesse uma mulher envolvida, porque então as relações seriam regidas pela noção de "honra". A noção de "honra" não se relaciona ao pensamento platônico, que leva em conta a verdade, a justiça, o conhecimento. Tradicionalmente, na *sociedade ocidental* e, especialmente, nas sociedades rurais brasileiras, honra era e é ainda um princípio norteador. A honra de um homem e de sua mulher, de sua família de sangue ou de sua amada, formou uma questão importante. A noção de "homem de honra" foi mitificada, isto é, tratada como sendo ancestral, como vindo desde sempre. A ideia da honra levava a que o macho ficasse sempre alerta para qualquer insulto ou suspeita, real ou fantasiosa. Em qualquer caso, ele deveria "defender a sua honra". Sociedades agrárias *feudais*, ou outras que focam no uso e na propriedade de terras, podem cuidar da "honra" mais que as sociedades industriais contemporâneas (mas sempre sobram resquícios, mesmo nelas). No caso tanto masculino como feminino, a "honra" está relacionada historicamente à *sexualidade*. Preservar a "honra" equivale à manutenção da virgindade de mulheres solteiras e pressupõe a *monogamia* e a fidelidade absoluta. Os conceitos de honra variam amplamente entre culturas diferentes e momentos históricos também variáveis. Na cultura mineira rural, agrária, eram considerados justificados os assassinatos pela honra de membros da própria família da pessoa (na sua maioria do sexo feminino) caso alguém tivesse "sujado a honra" quer da família, quer da "honra" do homem ao qual a pessoa a ser punida estaria ligada por uma relação que não precisava ser a de matrimônio. Em "A estória de Lélio e Lina", Jiní é criticada não pelas personagens da narrativa, mas por Luiz Roncari.

A crítica de Roncari a Jiní poderia ser uma maneira indireta de conceber a moral da mulher segundo critérios tanto de fidelidade como de castidade e, sobretudo, de desprendimento financeiro. Serviriam de modelo as duas prostitutas da fazenda Pinhém destinadas a servir os homens da fazenda, mas que não cobravam pelos tais serviços e ainda prestavam outros, como lavar, passar e costurar roupa para os vaqueiros. Em troca elas seriam por eles protegidas e constituiriam uma minicomunidade protofamiliar. Jiní tem outro estatuto, tendo sido, antes, violentada, escravizada, domesticada, humilhada e obrigada a se prostituir – por dinheiro cobrado pelo seu "dono". Ela pode ter sido levada a entender a sexualidade como valor de troca. Tal modelo faz parte de uma, digamos, economia ancestral. Pergunto se a crítica a Jiní corresponde, inadvertidamente, a um controle da sexualidade feminina, que ainda existe no mundo capitalista. Sei que ele não existe no pensamento socrático. Jiní, no fim da narrativa, conquista um dono de fazenda que com ela se casa. Pode-se inferir que por ter sido ferida humana e socialmente, Jiní reage com desdém, ao partir com seu futuro marido: "Oxente, meu boi desgostou deste capim... Vão ver como eu hei de saber ser senhora-dona, mãe-de-família! Cambada de galos capões!..." (LL, p. 236-7). Ela afirma sua dignidade nessa sociedade ao se apresentar capaz de ser boa dona de casa e, sobretudo, boa mãe de família. Sua ironia pode levar a que se pense em relação de compra e venda: "O fumo bom, por si se vende!" (LL, p. 236). Mas a sua expressão não concebe mercantilismo, porque não houve oferta e procura. Houve o acaso. Seria sua reação de interesse pelas posses do fazendeiro? Se assim for, todo e qualquer casamento em que haja desigualdade social e de bens precisaria ser vista como de interesse. A Jiní conquista liberdade, independência e cidadania. Roncari comenta o Estrezado como sendo equivalente a estressado. Quem estaria estressado? E se Estrezado advier da reunião entre – es – (do verbo ser em espanhol) – trez – ado? Sendo três, seria símbolo de perfeição. Afinal, José Bento Ramos Juca, fazendeiro no Estrezado, homem de posses, se apaixonara. "– Só se casar, assente, se quiser, em escrivão e igreja..." (LL, p. 236). Corresponderia ao desejo da Jiní de ter outro estatuto social a uma continuidade de fetichização e de mercantilização do corpo feminino? Estaria ela condenada a ser prostituta para sempre? Bezerra de Meneses analisa a personagem Doralda do conto "Dãolalalão", personagem que poderia ser comparada à Jiní: "Paradigma da generosidade, e da dádiva, a mulher-prostituta em 'Dãolalalão' (o título do conto não estaria entre aspas! E como transcrevo a frase de Bezerra de Meneses, grafei como ela o fez) é comparada a uma 'cuia de água limpa', e o bordel, a um 'paraíso de Deus, o pasto e a aguada do boiadeiro' (Rosa, 1969, p. 18), numa total ausência de qualquer percepção de pecado, de malícia". Marcuse (1968, p. 17) diz que "a moralidade castradora da civilização interditou de tal maneira o uso do corpo como instrumento de prazer, que esse uso se manteve como 'infeliz privilégio' de prostitutas, degradados e pervertidos". A Jiní não é comparada a uma cuia de água limpa, mas afirma que saberá ser boa mãe de família. Rosalina concebe a vida com mudanças, com recuperação de dignidade e de valor. As pessoas não estão feitas de uma vez por todas. Nem a Jiní.

Procuraremos ver se a reação de dona Rosalina evita esse controle por convicção de que a libido existe tanto em homens como em mulheres e é difícil de controlar, quando é exacerbada pelas circunstâncias – ou se escamoteia a questão da fetichização e da mercantilização do corpo feminino para não ser ela também, Rosalina, objeto de crítica de seu comportamento e, pois, de crítica das transgressões sociais – morais – relativas à sexualidade feminina, como lemos em Roncari. Sublinho que os maridos de Rosalina estão no passado. No presente da narrativa não há indícios de relações sexuais – nem uma projeção de relações sexuais para o futuro.

Aprender leva tempo e é complicado por conta dos preconceitos machistas de uma sociedade que tendia ao patriarcalismo (e hoje?) – não só do povo de Minas Gerais. Lélio pensa, já consciente de que a pulsão sexual pode ser poderosa e relativamente incontrolável:

Lélio hesitou. Por palavra, vida salva: – por ter se lembrado disso, êle se tirara de pôr mãos para alguma loucura; mas, se nele mesmo o engano era corpo, e repente do corpo, que dirá da Jiní; quem culpa tinha? Estava certo? Estava errado? (LL, p. 232)

Rosalina reage ao relato de Lélio dizendo: "– Esteja sempre certo, meu Mocinho. E ninguém não sabe; talvez o céu não cai é só por causa do vôo dos urubús..." (LL, p. 232).

Adiante, Rosalina comenta, como que dando continuidade às questões acima: "– Juízo e amor, juntos, não é coisa demais, Meu-Mocinho?" Aquilo, o estarrecente! "–Bem viu, quem sabe? Você mesmo não entende que – amar por amar – talvez seja melhor amar mais alto" (LL, p. 238).

E ensina: "– Você viu, Meu-Mocinho, da Mariinha você não gostava. Só que você achou nela alguma coisa que relembrava a Menina de Paracatú... O amor tentêia de vereda em vereda, de serra em serra... Sabe que: o amor, mesmo, é a espécie rara de se achar..." (LL, p. 240).

Benedito Nunes observou, em seu ensaio "O amor na obra de Guimarães Rosa", que a prostituição adquire, na obra rosiana, um papel relevante. O amor carnal é praticado "com a mestria de quem exerce uma arte, com o entusiasmo de quem pratica um ato vital, inesgotável, refratário ao enfado e à rotina" (Nunes, 1969, p. 149).

O amor e o pensamento de Platão

Qual a relação entre as considerações sobre o amor e o pensamento de Platão?

No discurso que Sócrates atribui a Diotima de Mantineia – ela também uma estrangeira a quem Sócrates dá a palavra – ela/ele configura uma, digamos, "ascese erótica". Em "A estória de Lélio e Lina", sabemos quase que apenas das aventuras amorosas de Lélio. Ele ama diversas moças e a cada amor aprende mais. Ao cabo de um tempo – o de seu destino na fazenda do Pinhém –, Lélio aprende a discernir o verdadeiro amor e este é por uma pessoa paradigmática, icônica, de aspecto e voz jovens, detentora de sabedoria: a velhinha Rosalina. Lembremos: "Com efeito, uma das coisas mais belas é a sabedoria, e o Amor é amor pelo belo, de modo que é forçoso o Amor ser filósofo e, sendo filósofo, estar entre o sábio e o ignorante" (Platão, *O Banquete*, 204b).

O desejo do conhecimento decorre da consciência de não saber. Assim transcorrem os diálogos platônicos em busca de sempre mais conhecimento. A sequência de perguntas e de respostas, que crescem em complexidade, é uma prova disso. A relação de Lélio com Lina se dá como que por perguntas e respostas.

Intermezzo

Corpo de Baile nasceu como unidade. Só por razões mercadológicas foi o livro dividido em três partes. Pensando na unidade, entendemos que a sequência de narrativas tem seu sentido. "Campo Geral" começa com a redescoberta e a afirmação do belo: "(...) alguém, que já estivera no Mutúm, tinha dito: '– É um lugar bonito, entre morro e morro, com muita pedreira e muito mato, distante de qualquer parte; e lá chove sempre...'" (Rosa, 1964, p. 5). A beleza do Mutúm se revela em sonoridades, com forte repetição do –m, consoante oclusiva bilabial sonora em começo de palavra (morro, morro, muita, muito, mato) e nasalizações (um, entre, com distante, sempre). A frase inicial do romance é outra: "Um certo Miguilim morava com sua mãe, seu pai e seus irmãos, longe, longe daqui, muito depois da Vereda-do-Frango-d'Água e de outras veredas sem nome ou pouco conhecidas, em ponto remoto, no Mutúm" (Rosa, 1964, p. 5). Também nessa frase recorrem "–m" e "–s" – iniciais, finais e nasalizações. O nome do lugar, um palíndromo, é o ícone dessa estratégia: Mutúm. Essa sonoridade corresponde ao canto "a *bocca chiusa*", técnica utilizada em vocalizes. Além dessa recorrência, há outros recursos que sublinham a sonoridade nas narrativas de *Corpo de Baile*, estudadas anteriormente por outros autores. Em "Cara-de-Bronze", a grande busca é a da memória – mnese e anamnese platônicas – e da poesia. N'*O Banquete*, diz Diotima: "Sabes que 'poesia' é algo de múltiplo; pois toda causa de qualquer coisa passar do não-ser ao ser é 'poesia', de modo que as confecções de todas as artes são 'poesias', e todos os seus artesãos poetas" (Platão, *O Banquete*, 205b).

A busca – tão característica das diferentes trajetórias das narrativas rosianas – corresponde, na nomeação das coisas (busca de palavras), ao princípio literário adotado por Rosa desde o começo de sua carreira. Com palavras virgens de uso, Rosa desejava "ampliar um tanto os limites mentais de um sujeito só bidimensional, por meio de ensinar-lhe estes nomes:

intimismo, paralaxe, palimpsesto, sinclinal, palingenesia, prosopopese, amnemosínia, subliminal" (Rosa, 1968, p. 236). Além do *ileso gume do vocábulo*, Rosa propunha, como Diotima a Sócrates, o amor como forma de aprendizagem.

> [...] deve com efeito, começou ela, o que corretamente se encaminha a esse fim, começar quando jovem por dirigir-se aos belos corpos, *e em primeiro lugar, se corretamente o dirige o seu dirigente, deve ele amar um só corpo e então gerar belos discursos;* depois deve ele compreender que a beleza em qualquer corpo é irmã da que está em qualquer outro, e que, se se deve procurar o belo na forma, muita tolice seria não considerar uma só e a mesma a beleza em todos os corpos; e depois de entender isso, deve ele fazer-se amante de todos os belos corpos e largar esse amor violento de um só, após desprezá-lo e considerá-lo mesquinho; depois disso a beleza que está nas almas deve ele considerar mais preciosa que a do corpo, de modo que, mesmo se alguém de uma alma gentil tenha todavia um escasso encanto, contente-se ele, ame e se interesse, e produza e procure discursos tais que tornem melhores os jovens; para que então seja obrigado a contemplar o belo nos ofícios e nas leis, e a ver assim que todo ele tem um parentesco comum, e julgue enfim de pouca monta o belo no corpo; depois dos ofícios é para as ciências que é preciso transportá-lo, a fim de que veja também a beleza das ciências, e olhando para o belo já muito, sem mais amar como um doméstico a beleza individual de um criançola, de um homem ou de um só costume, não seja ele, nessa escravidão, miserável e um mesquinho discursador, mas voltado ao vasto oceano do belo e, contemplando-o, muitos discursos belos e magníficos ele produza, e reflexões, em inesgotável amor à sabedoria, até que aí robustecido e crescido contemple ele uma certa ciência, única, tal que o seu objeto é o belo seguinte. Tenta agora, disse-me ela, prestar-me a máxima atenção possível. Aquele, pois, que até esse ponto tiver sido orientado para as coisas do amor, contemplando seguida e corretamente o que é belo, já chegando ao ápice dos graus do amor, súbito perceberá algo de maravilhosamente belo em sua natureza, aquilo mesmo, ó Sócrates, a que tendiam todas as penas anteriores, primeiramente sempre sendo, sem nascer nem perecer, sem crescer nem decrescer, e depois, não de um jeito belo e de outro feio, nem ora sim ora não, nem quanto a isso belo e quanto àquilo feio, nem aqui belo ali feio, como se a uns fosse belo e a outros feio; nem por outro lado aparecer-lhe-á o belo como um rosto ou mãos, nem como nada que o corpo tem consigo, nem como algum discurso ou alguma ciência, nem certamente como a existir em algo mais, como,

por exemplo, em animal da terra ou do céu, ou em qualquer outra coisa; ao contrário, aparecer-lhe-á ele mesmo, por si mesmo, consigo mesmo, sendo sempre uniforme, enquanto tudo mais que é belo dele participa, de um modo tal que, enquanto nasce e perece tudo mais que é belo, em nada ele fica maior ou menor, nem nada sofre. Quando então alguém, subindo a partir do que aqui é belo, através do correto amor aos jovens, começa a contemplar aquele belo, quase que estaria a atingir o ponto final. Eis, com efeito, em que consiste o proceder corretamente nos caminhos do amor ou por outro se deixar conduzir: em começar do que aqui é belo e, em vista daquele belo, subir sempre, como que servindo-se de degraus, de um só para dois e de dois para todos os belos corpos, e dos belos corpos para os belos ofícios, e dos ofícios para as belas ciências até que das ciências acabe naquela ciência, que de nada mais é senão daquele próprio belo, e conheça enfim o que em si é belo. (Platão, *O Banquete*, 210b, c, d, e; 211a, b, c)

O papel revolucionário do demiurgo

Eros desempenha, em relação aos sentimentos e às emoções, papel semelhante de intermediário ao que as entidades matemáticas representam à vida intelectual. Ele comanda a subida por meio da atração que a beleza dos corpos exerce sobre os sentidos e remete, afinal, à contemplação do Belo supremo, o Belo em si. A mediadora de tal ascese em "A estória de Lélio e Lina" clara, literal, é Rosalina. Mediadora, portanto, um demiurgo.

No exemplar da biblioteca de João Guimarães Rosa, o exemplar dos *Diálogos* que contém o *Simpósio* possui trechos sublinhados, marcados. Na página 176, lemos, sublinhado à tinta, "[…] *for the lover is more divine; because he is inspired by God*". Tal asserção abre espaço para a relação entre amor, ascese e deus, sendo "*God*" grafado com maiúscula por Jowett, o tradutor, mas que poderia ser grafado com "-g" minúsculo.

Consideremos, ainda, que a construção do conhecimento constitui, no platonismo, uma conjugação de intelecto e emoção, de razão e vontade: a *episteme* é fruto de inteligência e de amor. Rosa reúne esses elementos em Rosalina.

Já comentamos que Guimarães Rosa revê com outros olhos questões tidas como assentadas no universo rural, rústico, mineiro: o machismo e seus correlatos; o racismo; a ideia de mercantilização rejeitada, mas delineada; as hipóteses desqualificadoras sobre o colonizado, como sua preguiça, violência e curta capacidade cognitiva. Ocultar aspectos da realidade seria forjar um mundo inverídico, talvez utópico. Nuançar esses aspectos permite que os leitores reconheçam nas personagens força, coragem, inteligência, capacidade de rever seus equívocos e erros e grande capacidade cognitiva. Dentre as formas de resistência há a linguagem escrita que emula a oralidade no que ela tem de poético e, ao mesmo tempo, se presta a procurar fixar as transformações necessárias. Disse-o tão bem Franklin de Oliveira (1991, p. 181-182):

> Os escritores brasileiros progressistas, portadores de flama renovadora e espírito emancipador, sobretudo a partir de Euclides (*Os sertões*), todos eles, sem exceção, escreveram suas obras *sub specie historiae*. De onde serem, todos os grandes livros brasileiros, "livros vingadores", para usar uma expressão euclideana... Por terem sido "livros vingadores", todos esses livros reelaboraram matéria do tempo presente, o tempo atual à sua criação... A grande revolução guimarosiana consistiu em romper dialeticamente (conservá-lo, ultrapassando, no sentido hegeliano), essa forte tradição da inteligência brasileira. João Guimarães Rosa pensou e escreveu a sua obra *sub specie perfectiones*. Esta a sua gigantesca revolução.

Franklin de Oliveira sintetiza o valor da escrita rosiana por meio de sua linguagem, de suas tramas e visão do mundo brasileiro positivos, por isso, *sub specie perfectiones*, e, nesse sentido, representa uma revolução dentro de uma literatura que tende à crítica e à desilusão.

Segundo *Político*, a escrita criticada no *Fedro*, no conhecido mito de Theuth[9], serviria apenas para reter as leis da cidade, preenchendo a ausência

---

9. "Quando, porém, chegou a ocasião da escrita, Theuth comentou: 'Este é um ramo do conhecimento, ó rei, que tornará os Egípcios mais sábios e de melhor memória. Na verdade, foi descoberto o remédio da memória e da sabedoria'. Ao que o rei responde: 'Ó engenhosíssimo Theuth, um homem é capaz de criar os fundamentos de uma arte, mas outro deve julgar que parte de dano e de utilidade possui para quantos dela vão fazer uso. Ora tu, neste momento, como pai da escrita que és, apontas-lhe, por lhe quereres bem, efeitos contrários àqueles de que ela é capaz. Essa descoberta, na verdade, provocará nas almas o esquecimento de quanto se aprende, devido à falta de exercício da memória, [...]. Por conseguinte, não descobriste um remédio para a memória, mas para a recordação. Aos estudiosos oferece a aparência da sabedoria e não a verdade, já que, recebendo, graças a ti, grande quantidade de conhecimentos, sem necessidade de instrução, considerar-se-ão muito sabedores, quando são, na sua maior parte ignorantes; são ainda de trato difícil, por terem a aparência de sábios e não o serem verdadeiramente'." (Platão, *Político*, 1997, p. 120-121)

do verdadeiro político ou legislador, garantindo-a contra a arbitrariedade dos tiranos. Entretanto, por sua rigidez, as leis não conseguiriam acompanhar a dinâmica da vida, resistindo a seus progressos. Ambiguamente, uma vez redigidas, as leis estariam expostas aos riscos da autonomia seguida de incontroláveis mudanças, da alteração de seus princípios e, consequentemente, de aplicações distorcidas. Uma vez que é preciso que existam as leis, é necessário, como prevenção, sancionar sua necessária permanência e obrigatoriedade perante a comunidade toda, e não há como escapar às limitações de sua natureza. Muita água já correu desde a crítica à escrita feita por Platão através do mito de Theuth. Guimarães Rosa entende que a escrita registra as progressivas mudanças em relação à compreensão possível do mundo – e do amor e da ação humana. Daí que *Corpo de Baile* represente uma complexa unidade circular, cíclica, em movimento espiralado, começando e terminando com a personagem Miguilim (Em "Campo Geral" e "Buriti" – e todas as narrativas girando em torno de nuanças do amor). O ciclo representa a unidade na diferença. "A estória de Lélio e Lina" também corresponde a um ciclo: a narrativa começa com Lélio chegando à fazenda do Pinhém e termina com ele deixando a fazenda. O ciclo engloba um conhecimento para cada um dos partícipes da narrativa. E apresenta outra repetição, além de Miguilim, que também é referido em LL: é a expressão "dão-lalalão". A onomatopeia do título "dão-lalalão" reaparece em "A estória de Lélio e Lina". Franklin de Oliveira (1986, p. 512) afirma que ela expressa "(...) a visão do amor como aleluia, parusia, hosana." "Dão lalalão" se relacionaria, então, à Bíblia, a saber, ao Velho e ao Novo Testamento? Ainda que pudéssemos registrar tal relação, esta não se refere à obra platônica em estudo.

As obras de Platão e de João Guimarães Rosa não são unívocas. Em *Político* (875a-b), última obra de Platão, este propõe uma nova antropologia. Segundo o filósofo, nessa obra o homem não é prudente nem sábio de nascença, age quase sempre com ambição e egoísmo na convivência social – cujo elemento-chave é a lei escrita. Esta, porém, somente cumprirá papel educativo se se preservar a liberdade por meio do exercício da força persuasiva sobre o cidadão (e não pelo uso da coação). A força persuasiva se dá pelo diálogo. Para que as prescrições legislativas sejam compreendidas e a prevalência do interesse coletivo sobre o particular seja aceita, um conjunto de elementos formará um todo orgânico. Sobre a gênese do Estado, discorrem os dialogantes Sócrates e Adimanto, em *A República* (369b):

"uma cidade tem a sua origem, segundo creio, no facto de cada um de nós não ser auto-suficiente, mas sim necessitado de muita coisa. Ou pensas que uma cidade se funda por qualquer outra razão?".

O diálogo das personagens entre si não basta. É preciso que haja o diálogo entre as diferentes obras para que se perceba a complexidade desse todo (cidade) que é o sertão, que é o mundo com alguma organização, a sua riqueza, os seus conflitos e dificuldades.

O diálogo entre Lélio e Lina também revela aspectos da complexidade sertaneja. Ele leva Lélio a rever suas noções e atitudes em parte machistas – e a valorizar gradativamente a pessoa de Rosalina por sua sabedoria. Roncari entende que a relação entre eles os leva ao incesto. Reparemos com atenção o final de "A estória de Lélio e Lina" para podermos inferir se há ou não incesto entre Lélio e Lina, ou se há milagre – o que suspenderia a realidade – palavras que constam do título do excelente artigo de Luiz Roncari – do qual discordo. Eis as frases finais de LL:

> Ele a ela: – "É nada?" E ela a ele: – "É tudo. E vamos por aí, com chuva e sol, Meu-Mocinho, como se deve..." O Formôs corria adiante, latindo sua alegria. – "...Chapada e chapada, depois você ganha o chapadão, e vê largo..." Lélio governava os horizontes. – "Mãe Lina..." – "Lina?!" – ela respondeu, toda ela sorria. Iam os Gerais – os campos altos. E se olharam, era como se estivessem se abraçando. (LL, p. 245-246)

"Era *como se* estivessem se abraçando." Nem estão se abraçando de fato. O como se é faz de conta, é parte do conto de fadas mencionado no início do presente ensaio – forma simples que se presta ao relato da filosofia (ou da construção do conhecimento) que, como a forma-mito usada por Sócrates-Platão, ou a maiêutica e a ironia socráticas, corresponde a um processo parapedagógico, em que se multiplicam os confrontos a fim de se obter, por indução dos casos particulares e concretos, um conceito geral de cada objeto em questão.

O encontro de Eros no sentido de amor e sabedoria pode dispensar a relação sexual. E mesmo que houvesse, já comentamos que não há indícios de que Rosalina seja avó de Lélio. O olhar apreende o horizonte, a distância, o mundo – e o além. Lina – apelativo que encanta e assombra Rosalina – encurta o seu nome. E Lélio a chama de mãe como havia chamado Jiní de irmã: é a reunião de seres pelo afeto e respeito por meio da *sym-pathos*. Mas levanto a dúvida explicitando a tese de Luiz Roncari. Segundo ele, haveria uma relação incestuosa entre Rosalina e Lélio, visto que Alípio, filho de Rosalina, tem ciúme de Lélio. E visto que Rosalina relata, em certo momento:

> "– Um vaqueiro Lélio, rapaz, que brigou de morte com um sitiante daqui de perto, por causa de uma que era a mãe de um e que podia ser a avó de outro..."
> Mais por mais, que um queira, não queira, a vida de verdade era sempre esquisita e fora de regra. (LL, p. 193)

Em que contexto encontramos o trecho citado?

Depois de aprender que seus amores com Chica e Manuela não tinham condições de se desenvolver, nem era este o sentimento que fecundaria sua alma e espírito, Lélio decide ir embora – contudo, não consegue ir. O excerto todo dessa dúvida e desse impedimento é belo. Cito:

> Ia embora. Então, por que ainda não tinha ido? Por muito tempo, o motivo, não soubera se explicar. Mas, agora, sabia. Que ali tinha uma pessôa, que ele só a custo de desgosto podia largar, triste rumo de entrar pelo resto da vida. Assaz essa pessoa era dona Rosalina. Desde aquêle ano todo, que dia com dia, se acostumara a buscar da bondade dela, os cuidados e carinho, os conselhos em belas palavras que formavam nas horas em que a gente precisava. Sua voz sabia esperanças e sossêgo. Às vezes, olhado por aquêles olhos, homem destremia da banzeira da vida, se livrava de qualquer arrocho e ria de si mesmo um pouco, respirando mais. Assim dona Rosalina tinha gostado dele, como mãe gosta de um filho: orvalho de resflôr, valia que não se mede nem se pede – se recebe.
>
> Amizade que viera rompendo. Do começo, os companheiros estranhavam. Maldavam: - "Será está vigiando a Crispininha crescer, mò de namôro? Ou a Góga mesma, cuja velhice?..." Outras vezes, achavam que ele estivesse agradando à velhinha, de manha, interesseiro, pelo testamental; mas que ela possuía o pouco, pouco, só tralha e trastes, e, assim mesmo, morresse, o filho era quem herdava. Lélio ria de todos. Ia dizer a eles o que era poder estar ali perto dela, entrar naquela casa? Chegava lá, e tinha coração. A ela, sem receio nenhum, contava tudo o que estava pensando, e era ela mesma quem lhe ensinava tudo o que ele estava sentindo. A velhinha sabia. A limpo em qualquer caso, da vida dela mesma, ou das dos outros, tirava um apropósito de lição. A mais, tirava, das coisas, do mato, da noite, do céu, um risco de conversa atôa – mas

para estremecer essa alegriazinha sem paga que escorre num tocado de viola ou numa volta de cantiga. – "Sôbre por cima da lagôa de tarde, estão jogando umas violetas..." – ela falava: - "É bom, ficar junto de lá, para poder ouvir o bambual gemer." O bambual se encantava, parecia alheio uma pessoa. Eram coisas salvadas, para cá, sem demora – as palavras. (LL, p. 191-2)

Só de outro amor com uma das jovens do local verte mais matéria para Lélio. É o último episódio amoroso de Lélio com uma delas, e este foi com Mariinha.

Mariinha chama Lélio e lhe diz que precisa de amigo e lhe conta que *ela ama*, o que ele entende mal, como sendo que ela *o ama*. Ninguém lhe havia declarado algo desta natureza. Ele se entusiasma, no sentido platônico. Fica extasiado, unindo-se pelo entusiasmo a seu objeto, de modo a acreditar que a ama: "Eu gosto de Mariinha... – falou. – ... Ela amanheceu em mim..." "Disse, redisse, nem esperou como dona Rosalina responder. O amor era isso – lãodalalão – um sino e seu badaladal." (LL, p. 237). O entusiasmo é tratado por Franklin Oliveira como "canto de alegria e louvor" (aleluia); como "volta gloriosa de Jesus Cristo, no final dos tempos, para estar presente ao Juízo Final" (Parúsia) e "saudação, aclamação, louvor", ou "hino eclesiástico que se canta em domingo de Ramos" (Hosana), todas elas exclamações que Franklin aplica ao amor, mas cujo sentido se relaciona ao amor sagrado, amor a Deus. Diz Adélia Bezerra de Meneses:

> Fiel à sua atitude básica diante da Palavra e da Vida, Guimarães Rosa transgride cânones estabelecidos para melhor penetrar no âmago da realidade; provoca estranhamento para que o objeto ressalte; subverte. Trata-se aqui do que Alfredo Bosi (1975) chama de uma "semântica do insólito". (Meneses, 2008)

O amor de Lélio por Mariinha arrefece necessariamente, quando fica sabendo que Mariinha ama seo Senclér. Decepcionado com a revelação do equívoco, Lélio prossegue a caminhada da vida, ou do destino, em busca da plenitude, a saber, em busca de novo conhecimento (novas leis) como aquelas transmitidas pelos sábios, por meio de palavras.

"Eram coisas salvadas, para cá, sem demora – as palavras." Lembra o mito de Er, uma história que Platão conta no livro *A República*, livro X, de 614b a 621b. É um relato de alguém que retornou do Hades e pode contar o que viu para advertir os homens sobre o justo, o injusto, os erros e os acertos. Er conta dos discursos laudatórios das almas que se encontram como que em um festival religioso dos gregos:

> E as almas, à medida que chegavam, pareciam vir de uma longa travessia e regozijavam-se por irem para o prado acampar, [como se fosse uma panegíria[10]; e as que se conheciam,] cumprimentavam-se mutuamente, e as que vinham da terra faziam perguntas às outras, sobre o que se passava no além, e as que vinham do céu, sobre o que sucedia na terra. [Umas, a gemer e a chorar, recordavam quantos e quais sofrimentos haviam suportado e visto na sua viagem por baixo da terra, viagem essa que durava mil anos, ao passo que outras, as que vinham do céu, contavam as suas deliciosas experiências e visões de uma beleza indescritível]. (Platão, A República, 614e)

A recomendação é atravessar o Lete e não manchar a alma, a saber, cruzar esse rio do Hades sem beber ou tocar sua água, sob pena de experimentar o completo esquecimento das verdades e belezas eternas. Quem seguir a recomendação conhecerá a felicidade e poderá praticar a justiça e a sabedoria.

> Se acreditarem em mim, crendo que a alma é imortal e capaz de suportar todos os males e todos os bens, seguiremos sempre o caminho para o alto, e praticaremos por todas as formas a justiça com sabedoria, a fim de sermos caros a nós mesmos e aos deuses, enquanto permanecermos aqui; e, depois de termos ganho os prêmios da justiça, como os vencedores dos jogos que andam em volta a recolher as prendas da multidão, tanto aqui como na viagem de mil anos que descrevemos, havemos de ser felizes. (Platão, A República, 621 c, d)

O conhecimento se encontra fora da caverna (cf. o mito da caverna), onde estão os seres, acessível para quem se lembra dessas verdades (*mnese*). "A *mnese*, não haver esquecido este mundo superior, das verdades absolutas, é melhor do que a lembrança após o esquecimento" (Sperber, 1976, p. 66) – sendo esta última a *anamnese*. "Na *anamnese* filosófica, Platão propõe que o indivíduo não recupera a lembrança dos acontecimentos que fazem parte de sua existência, mas recupera a lembrança das verdades, das estruturas do real" (Sperber, 1976, p. 66). Temos aí uma explicação e compreensão da exclamação de alegria – pura na sua meninice (reparemos: lãodalalão

---

10. Eis a conclusão de Roncari (2004, p. 193): "[...] as novelas de *Corpo de baile* encenam uma dança cósmica que se articula com uma base de realismo profundo; esses dois planos interiorizam as (im)possibilidades de uma sociedade histórica, patriarcal e estratificada, no seu triste trânsito (tropical) para o mundo burguês. O que dá a impressão, a quem escreve sobre ele, de que está interpretando a história do Brasil, do homem cordial, e seu destino incerto e duvidoso."

lembra "Bão balalão/Senhor capitão/Espada na cinta/Ginete na mão"). No mito de Er, o essencial é que fossem quais fossem as *injustiças* cometidas e as pessoas prejudicadas, as almas injustas pagavam a pena de quanto houvessem feito em vida, a fim de purificarem a alma. A punição não é tratada por Rosa nessa narrativa. Interessa-lhe, antes, aproveitar a sugestão do mito de Er, relacionado ao mito da caverna para falar sobre a verdadeira realidade, que vai se abrindo aos olhos e sentidos de Lélio, com a ajuda da sabedoria de Rosalina, sabedoria ancestral.

Para Platão, as ideias são um mundo de verdadeira realidade, sendo anteriores ao mundo sensível: a forma deste é apenas um reflexo daquele. Sua ontologia se caracteriza pela existência de três elementos eternos:

- ideias arquétipas
- demiurgo
- matéria eterna.

Guimarães Rosa aproveita as ideias platônicas, mas trabalha a partir do mundo sensível.

Os três princípios da chamada trindade platônica operam um sobre o outro, embora sem sucessão deles mesmos, sem que um derive do outro. Portanto, as ideias estão em um plano de imobilidade e completude, diferentemente do que consta em outros pensamentos (filosofias e religiões), e também diferente da Trindade cristã, em que existe sucessão nas relações de Pai, Filho, Espírito Santo, conforme definiram os concílios do quarto século.

As ideias arquétipas (diferenciando de arquétipo, conceito junguiano) lá estão. É preciso lembrá-las. "*Eram coisas salvadas, para cá, sem demora – as palavras.*" A demiúrgica é Rosalina. A meta perseguida pelo demiurgo platônico é o bem do universo que ele tenta construir. Platão (2011, p. 94) diz, em *Timeu*: "Deste modo, o demiurgo põe os olhos no que é imutável e que utiliza como arquétipo, quando dá a forma e as propriedades ao que cria. É inevitável que tudo aquilo que perfaz deste modo seja belo". Platão descreve o demiurgo como uma figura neutra (não-*dualista*), indiferente ao bem ou ao mal, mas, apesar de bom, sofre limitações na coordenação criativa do *cosmos*, por isso só é bom até um ponto. Tais características do demiurgo se aplicam a Rosalina. O Demiurgo de Platão age como princípio causal, sobretudo como primeiro motor e organizador do mundo. Rosalina não tem esse estatuto porque é ser humano. Mas sua sabedoria serve para pontuar os eventos de maneira a repensar seu impacto e a colocar no lugar as emoções e ideias relativas a esses acontecimentos.

As ideias reais, de que fala Platão, servem como arquétipos de tudo o que se cria; a criação produz formas inferiores ao modelo arquétipo e, por isso, se diz sombra do mesmo. Para Rosa, o mundo sensível interessa porque é ele que reflete e leva a refletir. É a partir dele que se pode conhecer o real, o bom e o belo. Finalmente, a matéria eterna de que fala Platão se exerce como sujeito portador, ou receptáculo, das formas criadas. E essa matéria contém alguma determinação.

"*Eram coisas salvadas, para cá, sem demora – as palavras*". É uma frase singularmente importante. Platão se lembra do mito da caverna e a luz do conhecimento salvo para cá (mnese) ou recuperado (anamnese), afora a forte consciência ficcional, uma vez que o que se salva são palavras. Beleza e amor estão entrelaçados nas (e através) das palavras.

Platão exerceu a arte de lutar com palavras nos seus diálogos, como no *Eutidemo*, em que a personagem, ou voz dialógica Eutidemo, refuta tudo o que é dito. O diálogo revelaria que o que quer que se dissesse, conforme os argumentos usados, poderia ser sempre verdadeiro – ou falso. Mas, enquanto Eutidemo discute com Dionisodoro, seu irmão, ambos mostram que o ignorante pode aprender (e, logo a seguir, que só o sábio aprende); que se aprende o que não se sabe (e, de novo, logo a seguir, que só se aprende o que se sabe). A discussão parece ser sobre o sentido da verdade, contraposta à mentira, ou sobre o real, oposto ao falso. A circularidade das estratégias argumentativas pode levar à interpretação de que tudo se equivale e é verdade, assim como pode afirmar o racionalismo, o mundo das ideias, o belo e o bom absolutos – circularmente. Sócrates, que se apresenta como interlocutor, chega a aduzir para levar ambos a refletir por outro prisma, que "(...) vocês não se importam realmente nada com a maioria dos homens, nem com os mais veneráveis, nem com os mais reputados; vocês só consideram aqueles que são semelhantes a vocês (...)" (Platão, *Eutidemo*, 303c, d).

Sócrates enfrentou as argumentações equivocadas trazendo para o discurso exemplos vivos, como consta no *Eutidemo* de Platão. Guimarães Rosa aproveita a ficção para apresentar concepções de mundo. Cuidadosamente, evita a desqualificação, o preconceito: daí o mundo humano ser plural – e brasileiro – olhado sem viés terceiro-mundista. Suas personagens são qualificadas, mesmo apresentando a miséria de todos os tipos.

Para Platão, as ideias configuram a sua busca do Uno, e são um mundo de verdadeira realidade, anterior ao mundo sensível; a forma deste é apenas um reflexo daquele. Para Guimarães Rosa, existe o universo do sagrado, o conhecimento, o mundo sensível sem preconceitos, nem preceitos, porque corpo bom, que tem desejo, é corpo que tem saúde: "A Manuela tem saúde e lealdade" (LL, p. 215). Existe é o mundo-sertão de valores subvertidos.

Para pensarmos "A estória de Lélio e Lina" do ponto de vista político-sociológico, vale lembrar a frase de Franklin de Oliveira: "João Guimarães Rosa pensou e escreveu a sua obra *sub specie perfectiones*. Esta a sua gigantesca revolução" (Oliveira, 1991, p. 181-182).

Ao escrever *sub specie perfectiones*, Guimarães Rosa revê a questão da honra, do machismo e a posição da mulher no mundo; as noções sobre o vaqueiro e sertanejo (que seriam ambíguas, parcialmente semelhantes às que há sobre o caipira), revelando vaqueiros sensíveis que sabem pensar. O conhecimento vai sendo construído paulatinamente pela trama, aproveitando especialmente – dentre o universo de leituras rosianas – as ideias platônicas. Ao examinar os conceitos sobre o ser, o espaço e o pensamento brasileiros, Rosa revê uma ideia que se tem de Brasil, introduzindo outras, "transgredindo cânones estabelecidos". Rosa revisa o conhecimento, a verdade, quem a detém, de modo que quando Lélio e Lina saem pelo mundo como amigos capazes de diálogo e de afeto, de transformação para mais e melhor saber, estão leves em busca do todo e do alto "Iam os Gerais – os campos altos", e com os olhos atentos "E se olharam" (LL, p. 246). Ainda que sem certezas e abertos para dúvidas[11], Lélio e Lina caminham em e com a unidade possível, esperança, confiança, como corresponde ao final de obra que se articula com funções de conto de fadas – mesmo aproveitando muito o pensamento platônico.

Eram coisas salvadas, para cá, sem demora – as palavras. Guimarães Rosa atualiza Platão, sem perder sua dimensão, propondo que, para além das imagens e verdades resgatadas para cá, são, sobretudo, as palavras as que são salvadoras. São as palavras as portadoras do Bem e do Mal; da dor e da alegria; das dúvidas, das verdades, da beleza e do amor. Da vida – vida ensinada.

---

11. "A esperança está na própria essência da imperfeição dos homens, levando-os a uma eterna busca" (Freire, 2011, p. 114).

Referências bibliográficas

FREIRE, Paulo. *Pedagogia da Autonomia*. São Paulo: Paz e Terra, 2011.

MENESES, Adélia Bezerra de. "Dãolalalão" de Guimarães Rosa ou o "Cântico dos cânticos" do sertão: um sino e seu badaladal". In: *Estudos avançados*. v. 22. n. 64. São Paulo. Dec. 2008. Disponível em: <http://dx.doi.org/10.1590/S0103-40142008000300016>.

NUNES, Benedito. "Guimarães Rosa". In: *O dorso do tigre*. São Paulo: Perspectiva, 1976. p. 142-210.

OLIVEIRA, (José Ribamar) Franklin de. *A Dança das Letras: antologia crítica*. Rio de Janeiro: Topbooks, 1991.

_____. "Guimarães Rosa". In: COUTINHO, Afrânio (Org.). In: *A literatura no Brasil*. v. 5. Rio de Janeiro: José Olympio, 1986. p. 475-526. [Coleção Fortuna Crítica, 6]

PLATÃO; ARISTOFANES; XENOFONTE. "As nuvens". In: PLATÃO; ARISTOFANES; XENOFONTE. *Defesa de Sócrates. Ditos e feitos memoráveis de Sócrates. Apologia de Sócrates. As nuvens*. São Paulo: Victor Civita, 1985. (Col. *Os Pensadores*).

PLATÃO. *Diálogos. O Banquete, Fédon, Sofista, Político*. Seleção de textos de José Américo Motta Pessanha. Trad. e notas de José Cavalcante de Souza (*O Banquete*), Jorge Paleikat e João Cruz Costa (*Fédon, Sofista, Político*). 2. ed. São Paulo: Abril Cultural, 1979.

_____. *Eutidemo*. Trad., introdução e notas de Adriana M. M. F. Nogueira. Lisboa: INCM, 1999.

_____. *Fedro*. Tradução de José Ribeiro Ferreira Lisboa: Edições 70, 1997.

_____. *A República*. 9. ed. Introdução, Tradução e notas de Maria Helena da Rocha Pereira. Lisboa, Fundação Calouste Gulbenkian, s/d.

_____. *Timeu-Crítias*. Tradução do grego, introdução, notas e índices: Rodolfo Lopes. Coimbra: Centro de Estudos Clássicos e Humanísticos, 2011.

PLATON. *Dialogues: Apology - Crito - Phaedo - Symposium - Republic*. Benjamin Jowett translator. Edited and with introductory notes by J. D. Kaplan. New York: Pocket Books, 1952.

_____. *Euthydème*. Trad. Victor Cousin. Disponível em <http://remacle.org/bloodwolf/philosophes/platon/cousin/euthydeme.htm>.

_____. *Oeuvres Complètes*. Tome X, 1e. partie. *Lettres*. Trad. Joseph Souilhé. Paris: Les Belles Lettres, 1926.

_____. *Oeuvres: Apologie de Socrate, Criton, Phèdon, Gorgias*. Trad. A. Bashen. Paris: Garnier, s/d.

_____. *Oeuvres: Ion, Lysis, Protagoras, Phèdre, Le Banquet*. Trad. E. Chambry. Paris: Garnier, 1922.

RONCARI, Luiz Dagobert de Aguirra. "Irmão Lélio, Irmã Lina: incesto e milagre na 'Ilha' do Pinhém". In: *Estudos Avançados*. Mai./ag. 2001, v. 15. n. 42, São Paulo. Disponível em: <http://dx.doi.org/10.1590/S0103-40142001000200022>.

_____. *O Brasil de Rosa: mito e história no universo rosiano: o amor e o poder*. São Paulo: Editora UNESP, 2004.

ROSA, João Guimarães. *Manuelzão e Miguilim*. ("Corpo de Baile" – 3. ed.). Rio de Janeiro: José Olympio, 1964.

_____. *Noites do sertão*. 4. ed. Rio de Janeiro: José Olympio, 1969.

_____. *No Urubuquaquá, no Pinhém*. ("Corpo de Baile" – 4. ed.). Rio de Janeiro: José Olympio Editora.

_____. *Sagarana*. 10. ed. Rio de Janeiro: José Olympio, 1968.

SANTOS, Maria Carolina Alves dos. "Platão e a questão da estrutura nas leis". *Boletim do CPA*. Campinas, n. 15, jan./jun. 2003. p. 134-141. Disponível em: <http://www.puc-rio.br/parcerias/sbp/pdf/13-mcarolinar.pdf>.

SOARES, Cláudia Campos. "Considerações sobre *Corpo de Baile*". Disponível em: <http://www.letras.ufmg.br/poslit/16_producao_pgs/10-%20Revista%20Itiner%C3%A1rios.pdf> e <http://seer.fclar.unesp.br/itinerarios/article/view/2438/2006>.

SPERBER, Suzi Frankl. *Caos e cosmos: leituras de Guimarães Rosa*. São Paulo: Livraria Duas Cidades, 1976.

_____. *Signo e sentimento*. São Paulo: Ática, 1982.

A GÊNESE DO ÉTICO E A LINGUAGEM EXPRESSIVA NA NOVELA "BURITI", DE GUIMARÃES ROSA

Jayme Paviani[1]

A obra de Guimarães Rosa é um exemplo de linguagem expressiva. Sobre ela, muitos estudos foram feitos. Alguns deles são exercícios de erudição acadêmica, que mostram mais uma teoria do que a sua aplicação, o observador limita-se a ver o que o método permite. Este estudo pretende mostrar os conteúdos literários de um dos textos do autor, a novela "Buriti", que, devido aos seus inesgotáveis sentidos, oferece-nos sempre a possibilidade de novos significados e interpretações. Oferece-nos uma camada ética que poderia ser expressa como *estado ético primitivo* ou *vínculos éticos básicos* ou, ainda, como *eticidade natural*, anterior, portanto, aos estudos filosóficos da ética. A questão consiste em mostrar a gênese do ético na linguagem expressiva e em examinar se é possível uma teoria ética desse fenômeno originário, mesmo diante da afirmativa de que não se faz teoria ética dos desejos e outras manifestações dos estados afetivos. Mas, antes de avançar no argumento, é preciso explicitar o que se entende por linguagem expressiva e estado ético primitivo, embora o termo *primitivo* também possa significar originário. Ainda, é necessário afirmar que, nesse ensaio, não se pretende examinar o caráter estético da linguagem expressiva.

A grande virtude literária de Guimarães Rosa é o uso criativo e original que faz da língua a possibilidade de dizer com palavras sentidos ou significados surpreendentes. A organização da trama e das ações dos personagens, em seus contos, às vezes lentos, barrocos, poéticos, são constantemente redimidas pela surpresa de palavras envoltas em imagens e metáforas. Palavras que criam sínteses semânticas, tal como "Viver é viajável" (Rosa,

---

1. Professor de Filosofia no Programa de Pós-Graduação em Filosofia e professor no Programa de Pós-Graduação em Educação, na Universidade de Caxias do Sul – UCS.

1956, p. 819). De repente, ele diz tudo num só golpe. Nesse exemplo, a vida é uma viagem cheia de altos e baixos, velhas e novas paisagens, pois, o termo *viajável* define o ato de viver, dá-lhe abertura de possibilidades, não se limita a afirmar que a vida é viagem ou um viajar. A expressão traduz a experiência anterior aos eventos sociais ditos pela língua culta. As palavras entregam o humano à realidade e a realidade torna-se viva. Assim, a linguagem expressiva, plena de sentido, mostra, antes de qualquer demonstração ou comunicação.

Podem-se distinguir níveis e funções de linguagem. A linguagem literária, próxima da linguagem comum, é uma linguagem primitiva, criativa. Ao contrário da linguagem teórica, não pretende demonstrar. Apesar da vizinhança da linguagem literária com a linguagem comum, a linguagem literária é elaborada, pensada, nada tem de ingênuo ou de falsa ambiguidade. É uma linguagem que serve mais à palavra do que se serve dela. Daí sua opacidade, seu caráter de autoexpressiva. Não lida com conceitos, com teorias, porém, carregada de pensamento, como num quadro de pintura, é uma matriz de sentimentos e ideias. É, igualmente, radical expressão do indizível. A frase de Wittgenstein, no fim do *Tratactus Logico-philosophicus*, em que diz: "deve-se calar sobre o que não se pode dizer, só é válida para a linguagem social e teórica" (Wittgenstein, 1985, p. 142). O mundo da expressão é justamente o mundo do sensível, das vivências e dos atos de fala, do não dito, o chão oculto das ações humanas. Talvez não se possa afirmar com Feyerabend que o "discurso filosófico é estéril" comparado à poesia, mas é certo que ele "desdenha os laços emocionais e as mudanças que mantêm com os seres humanos" (Feyerabend, 2005, p. 356), devido a um determinado uso exclusivamente argumentativo da linguagem.

Guimarães Rosa desarruma a ordem semântica e pragmática da língua natural, transforma a língua comum em literária, produz significações primitivas, e não representações de significados derivados. A expressão é mediação sonora e *sígnica* do pensamento imediato da experiência, isto é, sem intermediários teóricos. Nesse sentido, o mundo da expressão literária, para Guimarães Rosa, é anterior aos juízos morais sobre costumes, crenças e valores e, por isso, é um lugar de vínculos éticos básicos. O ético, aqui, pode ser entendido em dois aspectos: o primeiro, como lugar da reflexão teórica sobre a moralidade e, o segundo, como experiência ética que ocorre antes da teoria sobre as ações das pessoas e seus costumes. Nesse aspecto, o ético dimensiona a vida e a existência humana com anterioridade às normas sociais, embora não as ignore. A linguagem expressiva diz uma experiência opaca e até ambígua das vivências e das ações humanas, isto é, o ético aqui não é a teoria sobre as normas, as escolhas, as decisões, as virtudes, os deveres, porém, a passagem que origina as normas e os comportamentos morais.

Se essa caracterização é válida, a literatura em geral e a obra de arte em especial estão mergulhadas numa manifestação ética básica. Guimarães Rosa, na novela "Buriti", ao falar de Glorinha, diz:

> O que estou pensando, tenho de calar. Eu teria receio de gostar de Glorinha. Ela é franca demais, vive demais, abertamente; é uma mulher que deve desnortear, porque ainda não tem segredos. E eu gosto dela? Mas tenho de ir-me embora, amanhã. Ela pôs os olhos em mim, tão declarados, com um querer que me enfrenta. (Rosa, 1956, p. 630)

Essa passagem nos põe diante de um personagem que sente atração por Glorinha, mas, ao mesmo tempo, afirma que não gosta dela. A franqueza e a falta de segredos dela o desnorteiam. Ele percebe o querer dela, porém, tem receio de gostar dela e espera que a negação dele não seja tomada a sério, embora tenha de partir. Expressa-se, assim, um mundo psicológico e psicanalítico, de conflito ético, que serve de defesa e de procura, como mostra a seguinte passagem:

> Eu gosto de Glorinha. Seja, eu não queria magoá-la, Glorinha, Glória, Maria da Glória. Mas ela é ainda sadia, simples, ainda nem pecou, não começou. Sempre se vê: se não, seus olhos trariam também alguma sombra, sua voz. Seu rosto guardaria uma expressão própria, remarcada. Seus gestos revelariam uma graça não gratuita, mas conseguida. (Rosa, 1956, p. 631)

Novamente, a narrativa vem carregada de desejo contido, pensamentos conflituosos, afetos corporais. Está em curso uma gênese da ação, a questão reside nas escolhas, e não na ação propriamente dita. Para começar, é significativo o nome da moça, Glorinha, em múltiplos sentidos, Glória ou Maria da Glória. Tanta beleza no olhar brilhante e no sem-disfarce do sorriso só pode ser uma glória. O termo *glória* indica grande beleza, e essa beleza está no olhar e no sorriso. Além disso, para sublinhar, a irmã de Glória, Maria Behu parece velha e só pensa em rezar. Estabelece-se no fundo da cena a inocência *versus* o pecado ou a malícia, dois conceitos morais que se impõem socialmente.

O agir em questão não é o da camada das relações sociais, não envolve o institucionalizado, o definido como sistema. Ao contrário, o ético da expressão refere-se, como diria Habermas, em *A teoria do agir comunicativo*, aos atos de fala, ao mundo das vivências. A novela menciona metaforicamente as sombras nos olhos e a voz de Glorinha como sinal de perda da inocência. A inocência é o contrário de pecado. O pecado é transgressão às regras, sejam religiosas ou sociais e políticas. O tipo de pecado referido é aquele contraposto ao estado de inocência e esclarecido não como elemento teológico, mas como elemento psicológico. Não é o pecado enquanto ofensa a Deus, porém, o pecado proveniente da finitude humana. Está pressuposto que o ser humano, na medida em que vive e cresce com os outros, vai perdendo seu estado de ingenuidade e ingressa na ordem moral própria da sociedade. Desse modo, a inocência não depende apenas da vontade, mas é força inconsciente, isto é, ambígua na medida em que não possui um significado fixo. Aqui cabe a observação de Beauvoir de que a "racionalização acabada do real não deixaria lugar para a moral" (Beauvoir, 1970, p. 109). A ambiguidade e as contradições fazem parte da existência. Devido a isso, as obras de arte são obras abertas, esteticamente inacabadas e mais reveladoras da finitude humana.

O personagem precisa calar seus sentimentos diante da franqueza de Glorinha. Ela é sincera. Sua sinceridade está nos olhos e não apenas na fala. A sinceridade mostra que não há segredos. Ele tem receio de dizer o que sente, tem medo de magoá-la e, por isso, nega, mesmo que essa negação no sentido mais profundo seja uma afirmação de sua admiração. Isso se revela não na trama da novela, em sua organização e estrutura, porém, na linguagem expressiva, sugestiva, confundida com o próprio agir. A linguagem leva às coisas, à experiência e, como diz Merleau-Ponty (1974, p. 30), "antes de ter uma significação, ela é significação."

A linguagem literária de Guimarães Rosa é igualmente expressão da verdade, verdade existencial, e não conceitual, antes da distinção entre a verdade e a mentira. Situa-se como uma verdade corporal e, por isso, a perturbação da palavra, como novamente reafirma Merleau-Ponty (1974, p. 33), está ligada "a uma perturbação do próprio corpo e da relação com outrem." Assim, a fala é também, como diz Agostinho (2003, p. 30), nas *Confissões*, expressão do olhar, do rosto, dos gestos, da voz. Há uma fala dos olhos, da voz, do rosto de Glorinha. Fala o corpo, e não apenas as palavras. Cada um desses elementos poderia ser descrito individualmente. A voz humana, por exemplo, tem o poder de expressar o desejo, os sentimentos, com a entonação do indivíduo e a orientação para o outro. A voz é mediação entre o eu e o tu e, ao mesmo tempo, ela é o dizer de alguém, e não apenas o dito.

A novela "Buriti" obviamente tece outras situações, ações e personagens surpreendentes pela força de inovação. Mas, aqui, nos limitamos a examinar fragmentos como o de Leandra, Lalinha, ex-mulher de Irvino, filho de Liodoro, cunhada de Glorinha, que tem os cabelos muito pretos e o rosto de maior alvura, enfim, "um corpo diferente de todos, mais fino, mais alvo, cor-de-rosa uma beleza que não se sabe, como uma riqueza inesperada, roubada, como uma vertigem... Despir Lalinha será sempre um pecado" (Rosa, 1956, p. 632). Lalinha vive na casa do sogro, joga baralho com ele, etc. A noção de jogo (entre Liodoro e Lalinha) é significativa em diversos níveis e implica uma série de elementos como adversários, regras, espaço e tempo. Entre outros aspectos, é preciso recordar de Liodoro, que é "rijo fogoso e em saúde como autoridade, descria de se casar segunda vez" (Rosa, 1956, p. 637). Irvino e Lalinha casaram na capital e depois desmancharam o casal. Liodoro buscou Lalinha, pois, ao perder o filho, agarrou a mulher dele na esperança de seu retorno. Tal situação, não se tratava no Buriti Bom. O assunto estava regrado em normas, pois, em síntese, "para Liodoro, Dona Lalinha tinha de continuar fazendo parte da família, perante Deus e perante todos" (Rosa, 1956, p. 639).

Apesar das normas morais e culturais, naquele espaço da fazenda, com o passar do tempo, cresce a aproximação entre Liodoro e Lalinha. Num certo dia, Glória lhe disse: "Mas você não sabe, Lala, que o Pai gosta de você? Ele cuida" (Rosa, 1956, p. 749). Gostar implica cuidar, embora se possa cuidar sem gostar. Na medida em que Lalinha não amava mais Irvino, sentia remorso disso, pois o coração queria o contrário. Seguidamente, Lalinha joga cartas com Liodoro. Suas mãos bonitas "alvamente empunhavam o feixe de cartas, os reis e condes e sotas, desdobrados em dois, intensas roupagens" (Rosa, 1956, p. 760). A vida é um jogo. Jogar cartas é distração, passatempo e, igualmente, algo sério. De um lado, Liodoro e suas necessidades de homem. De outro lado, Lalinha, a casada e não casada. Diante da pergunta, se sentia falta de homem, respondia: não devo sentir. A resposta "não devo" afirma que sentia falta. Prazer e dever em luta, em busca de felicidade. Glorinha sugeria casamento de Lalinha com Miguel, mas sem certeza. Se dá certo ou não, só se compreende depois: corpo com corpo. O autor insiste: até os pés de Lalinha são lindos. A beleza atrai. É motivo de desejo. Como Beauvoir diz:

"O outro desvenda-se como outro na medida em que é estranho, proibido, mas também na medida em que é livre" (Beauvoir, 1970, p. 56). Alteridade e liberdade são as forças que tornam o amor cheio de riscos e de fracassos, pois, graças à liberdade o outro nos escapa.

Os sentidos que operam na linguagem expressiva não são objetivos, uma vez que se identificam com a própria expressão, portanto, é difícil distingui-los dela. Esse reino do ético permanece escondido, embora mostre seus indícios aqui e ali. Já os discursos éticos que examinam a moralidade desenvolvem-se a partir de uma linguagem formal, de conceitos elaborados e explícitos e de análises de enunciados. De fato, a expressão é constituída pela realidade sentida, percebida, pensada e não simplesmente representada. Todavia, ao se falar de representação de ações humanas, nesse caso, trata-se do mundo natural e não institucionalizado.

É possível aproximar relativamente à linguagem literária a expressão com o processo de criação no qual têm origem as significações e suas dimensões éticas e estéticas. Os dois conceitos se completam. Na realidade, a linguagem expressiva é criadora e, ainda, pode acrescentar, é inventora. Guimarães Rosa cria e inventa a linguagem. As grandes obras de arte, no sentido examinado por Steiner, em *Gramática da criação* (2003), na história consagram-se como criações. É óbvio que criação contém algo de bíblico, de teológico. A noção de invenção é leiga. Daí o jogo de significados entre os dois conceitos. O fundamental aqui é perceber que a linguagem criativa aponta as ações de um mundo entre o dito e o não dito, em que o silêncio tem um papel importante. Assim, o estado ético primitivo da linguagem expressiva mostra-se no estilo, nas vivências e até na mudez do expresso. O ético constitui a norma moral, todavia, sem depender dela. Em vista disso, Guimarães Rosa, em "Buriti", propõe, em forma de narrativa, contatos transformados em atos, ações que se recusam às abstrações e adquirem uma fisionomia sensível.

O mundo da expressão é epistemologicamente inacessível aos métodos científicos. Esse fato é tão forte que o próprio autor admira-se diante dos sentidos possíveis de sua escrita. Ele não sabe explicar a origem das metáforas. Certamente há algo de inconsciente. Nesse sentido, a expressão define-se como algo misterioso que ultrapassa as significações codificadas, dicionarizadas, desde que se entenda o mistério não como uma coisa obscura, mas clara demais, algo que ofusca o entendimento lógico. Essa experiência sensível, perceptiva não pode ser captada pelos métodos, por isso, ela é narrada, mostrada, sugerida e não racionalmente demonstrada. Como ter acesso ao desgosto de Liodoro que se "sombrava de fadário", "homem retraído tão forte", sem notícia de seu filho Irvino. Aí a conexão entre o retraimento e a ausência do filho, relação sugerida nas condutas.

Mas "as coisas do nada e nada se defurtam" e súbito acontecem. Guimarães Rosa (1956, p. 775) conta:

> Ela sentira sede – talvez nem fosse bem sede, como recordar-se? Ela saíra do quarto, segurava o pequeno lampeão, pouco maior que uma lamparina. Veio pelo corredor. Parara, já na sala de jantar. Pressentiu-o, olhou. Seus olhos para a porta. Soube-o, antes, sob o instante. A porta se abrir, de bravo. Subitão, ele apareceu, saindo do quarto. O coração dela dera golpes. – Boa noite minha filha! – Iô Liodoro disse. E tudo esteve tão natural e tranquilo, ela mais não entendia seu tolo susto, e se admirava de tão rápido poder recobrar toda calma. Ela estava de *peignoir* por sobre a fina camisola, calçava chinelinhos de salto. Lesta sua mão endireitou o cabelo.

Nas entrelinhas da descrição, o encontro está carregado de emoção. Ele a chama de filha. Ela, apesar do susto, recobra a calma. Ambos saíram do quarto, lugar particular, da intimidade, para a sala do encontro, sob o véu significativo da noite. Liodoro, vestido, de botas, nas mãos o lampião grande. Dois lampiões, um pequeno e outro grande. Lalinha, num impulso, sentiu o desejo de servir: "ofereceu-se para fazer café. Sentiu que devia mostrar-se desenvolta" (Rosa, 1956, p. 778). Ele recusa, quer tomar restilo, respondeu de modo manso para não acordar ninguém na casa. Depois de um ano e meio, é a primeira vez que Lalinha se encontra assim com Liodoro. Ambos depositam os lampiões na mesa, um perto do outro. Ela não sabe como se portar. Ele bebe um ligeiro gole e depois a fita e se senta e convida-a a sentar em frente dele, um pouco mais alta. Ele recosta-se, distende as pernas. Ele precisa de conforto e precisa de Lalinha. O momento é "tão inesperado, e ela queria ajudá-lo, de algum modo, queria sentir-se válida. Seu espírito se dividia em punhados de minutos. Conversaram" (Rosa, 1956, p. 776).

A conversa é de poucas palavras e porções de silêncio. Ela está satisfeita. Era como se entre eles estivesse nascendo uma amizade. Só o monotom do monjolo rompia o silêncio. Trocaram palavras sobre a vinda de Miguel, os dois moveram-se na cadeira e, de repente, estavam de pé receando roubar o sono um do outro. Lalinha voltou feliz para o quarto. A narrativa prossegue afirmando que "na seguinte manhã, e dias, o caso se derramava de significação" (Rosa, 1956, p. 776). O apaixonado torna o objeto absoluto, torna-o parte de si.

O desejo cresce, a paixão aumenta entre os dois e tudo se torna mais tenso com a proibição. O corpo convida. As palavras de Liodoro acariciam Lalinha. Ela

> podia ver o ofêgo de suas narinas, a seriedade brutal como os lábios dele se agitavam. Gostaria de poder certificar-se de todos os efeitos que sua sensível beleza produzia no semblante, no corpo dele, o macho. Um macho, contido em seu ardor – era como se o visse por detrás de grades, ali sua virilidade podia inútil debater-se. (Rosa, 1956, p. 780)

A narrativa mostra Liodoro, insofrido, todo concupiscente nos olhos. A fala prolonga e torna prazerosa a hora e tudo são elogios da beleza do corpo de Lalinha: a boca, os olhos, a cintura, o busto, os seios, as mãos, os pés. Lalinha se admira daquelas palavras, das minúcias. Ela quer ser objeto dável, enquanto as horas passam desvigiadas das pessoas. Guimarães Rosa escreve: "Por fim, porém, ela se impôs a interrupção, sentiu que ela devia partir, e em momento em que ele estivesse em estro levantado. Separaram-se, sem se darem as mãos, ela sorriu esquivosamente" (Rosa, 1956, p. 782).

O leitor, ao ler essas páginas, é chamado a mergulhar na tensão do expresso. As palavras são adorno, é o corpo que fala. Há uma indecisão entre o desejo e a decisão de retirar-se. As múltiplas faces da beleza servem para justificar o poder de prazer. No dia seguinte, Lalinha acorda cedo, e Guimarães Rosa mostra como essa satisfação está também na natureza, mas, de repente, as palavras de Glorinha, ao falar de uma vizinha – mocinha, grávida – entra em choque com a experiência de ser desejada. O mundo externo interfere e, ao mesmo tempo, depende do mundo interior. A linguagem expressiva precisa ir aos extremos e tornar-se quase carne/corpo para alcançar seus objetivos e precisa da natureza para dizer que Lalinha sentia-se desejada. O corpo fala antes da palavra. Mesmo que o impetuoso desejo de Liodoro o leve a outra mulher, é ela que sente os lábios úmidos, molhados, como se estivesse beijando.

A expressão não fala das coisas nem sobre as coisas, ela vai às coisas e antecipa nas imagens a possibilidade de transgressão. A voz do diálogo encena o evento, prolonga o gesto do corpo. Liodoro e Lalinha, primeiramente, se encontram na sala, depois se falam. O encontro é anterior ao diálogo. Alguma força os faz retornar à sala, a um lugar determinado, e lá é preciso vigiar para que não sejam vistos. O lugar também fala. Ocorrem pensamentos e momentos de remorso. Alguns acontecimentos externos, como a presença de Glorinha e a morte de Maria Behú, interferem. Igualmente, para surpreender, Guimarães Rosa escreve que atrás do silêncio há um grão de som. É um mundo opaco, no entanto, vivo. Liodoro está tão apaixonado que precisa de Lalinha e, todavia, teme a própria lucidez. De repente, circunstâncias nem tão claras produzem mudanças. Liodoro não é mais o mesmo. Perdidos um no outro. O sentir de Lalinha é como "uma lâmina capaz de decepar no espaço uma melodia" (Rosa, 1956, p. 798). Seus pensamentos formam um incêndio. Mas, de repente, ele sugere que ela volte à cidade, deixe o Buriti Bom. Uma carta do filho Irvino, agora pai, muda os sentimentos e as atitudes. Não é possível resumir a narrativa, o modo de narrar é insubstituível. Ler as páginas é como sentir o pulsar da estória. Os acontecimentos estão na linguagem. Impossível separá-los. A expressão é a própria realidade, e não ilusão de realidade. É o próprio da vida.

O conflito ético da vida, da ação, não pode ser dito em linguagem objetiva, sob pena de tornar-se algo simplificado. Na linguagem expressiva, ele aparece inteiro, destituído de argumentos racionais, jamais reduzido a uma norma. A gênese da moralidade é algo problemático que, a partir das distinções analíticas, desaparece. Esse estado ético primitivo é anterior às crises morais, às justificações éticas. Por isso, antes de retornar ao texto para ver o que acontece com os personagens e seus atos, é possível questionar a possibilidade de designar como ético o mundo do desejo, das vivências, enfim, os afetos. Sabemos que para Sigmund Freud, em *O mal-estar na civilização*, é impossível legislar sobre os afetos. Também Maria Rita Kehl, em *Sobre ética e psicanálise*, mostra que "as formações imaginárias mobilizam os afetos e dispensam o pensamento", assim, não é possível uma teoria ética sobre os vínculos afetivos (Kehl, 2002, p. 20-27).

Retornando ao texto, Liodoro, o sogro, e Lalinha, a nora, estão apaixonados um pelo outro e, no entanto, diante dessa situação complexa, Lalinha resolve ir embora, mas, esse "ir" é uma espécie de desafio, de tal modo que ela diz: "Você gosta de mim, me acha bonita, você me deseja muito, eu sei. Esta noite, deixo a porta do quarto aberta" (Rosa, 1956, p. 813). Fala e sai levando sua alegria pura e enorme. Ela sente que ele virá. Prepara-se à noite em seu leito. Espera-o. Um jogo de forças conscientes e inconscientes conduz as ações.

A questão consiste em saber se existe responsabilidade ética diante do desejo, das vivências, das forças inconscientes que originam as normas morais. Algumas indagações podem ser formuladas nesse sentido. A teoria ética, além de explicar e justificar a moralidade instituída, as ações e as relações sociais, tem a necessidade de reconhecer os vínculos éticos básicos que estão na gênese das normas morais? A linguagem expressiva e artística anterior ao exame teórico revela algo do humano antes da distinção entre o bem e o mal? É possível distinguir entre o que depende do desejo e da escolha e da decisão nos atos humanos? Essas perguntas, e outras de igual natureza, sem dúvida, propõem uma problemática de difícil acesso epistemológico, mas nem por isso a dificuldade de tematização justifica seu abandono. A hipótese de que a teoria ética não possui os procedimentos analíticos para alcançar a gênese da moralidade, anterior às distinções e às definições, requer um exame mais detalhado, pois, é necessário reconhecer que a expressão literária possibilita conhecimentos específicos do ser humano, da realidade e do mundo e, desse modo, nos ensina experiências enigmáticas.

Na perspectiva dessas indagações, como explica Honneth, comentando Hegel, "o amor representa a primeira etapa de reconhecimento recíproco, porque em sua efetivação os sujeitos se confirmam mutuamente na natureza concreta de suas carências..." (Honneth, 2003, p. 160). Se esse argumento tem validade, a gênese do ético está enraizada no reconhecimento do outro e, portanto, está ligada à existência corporal, à expressão. Talvez se possa encontrar, no próprio pensamento filosófico, contribuições que nos permitam aprofundar o argumento, como é o caso, por exemplo, da filosofia de Baruch Espinosa. Mas isso é assunto para outra ocasião.

Referências bibliográficas

AGOSTINHO. *Confissões*. São Paulo: Paulus, 2003.
BEAUVOIR, Simone. *Moral da ambiguidade*. Rio de Janeiro: Paz e Terra, 1970.
FEYERABEND, Paul. *A conquista da abundância*. São Leopoldo: Editora Unisinos, 2005.
HABERMAS, Jürgen. *A teoria do agir comunicativo*. v. I, II. São Paulo: Martins Fontes, 2012.
HONNETH, Axel. *Luta por reconhecimento: a gramática moral dos conflitos sociais*. São Paulo: Editora 34, 2003.

KEHL, Maria Rita. *Sobre ética e psicanálise*. São Paulo: Companhia das Letras, 2002.
MERLEAU-PONTY, Maurice. *O homem e a comunicação: a prosa do mundo*. Rio de Janeiro: Edições Bloch, 1974.
ROSA, João Guimarães. *Corpo de baile*. v. I e II. Rio de Janeiro: José Olympio Editora, 1956.
STEINER, George. *Gramáticas da criação*. São Paulo: Editora Globo, 2003.
WITGENSTEIN, Ludwig. *Tratado lógico-filosófico*: *Investigações filosóficas*. Lisboa: Fundação Calouste Gulbenkian, 1985.

DA VOZ DRAMÁTICA ÀS LINGUAGENS DE MÁQUINA

Celso R. Braida[1]

A preeminência das interações linguísticas escritas na atual sociabilidade, sobretudo pelo uso de dispositivos digitais e aparatos de mensagens digitalizadas para comunicação interpessoal, realiza de forma explícita a separação entre fala e escrita, e entre voz e mensagem. Embora esse seja um fenômeno antigo, já evidente com o surgimento das primeiras inscrições, se tornou pervasivo no contexto cultural contemporâneo, à medida em que as intermediações linguísticas são potencializadas pelos sistemas digitais e ambientes virtuais; o próprio espaço social urbano está conformado pela linguagem escrita e sistemas gráficos. Esse fenômeno está na base da situação crítica da literatura contemporânea cujo norte é a exploração da letra para além de sua função conversacional, comunicativa e narrativa. A dissociação entre fala e escrita sugere a desmontagem do modelo do *abecedário* como tão somente um dispositivo de reprodução dos sons vocais. Se a linguagem escrita é hoje o próprio cerne das novas tecnologias e máquinas inteligentes[2], na qual tudo se deixa transcrever, a literatura mesma se encaminha para

---

[1]. Doutor em Filosofia pela PUC-Rio, professor no departamento de Filosofia da UFSC. E-mail: celso.braida@ufsc.br

[2]. "'A escrita é a pintura da voz', escreveu o filósofo francês Voltaire em meados de 1700, refletindo a valorização antropocêntrica de sua época da finalidade e do âmbito inatos de escrever. Mais de 250 anos - e uma revolução eletrônica - mais tarde, muitos admitem que a escrita transcende até a humanidade. Tem sido um desmame prolongado" (Fischer, 2001, p. 294); "Em pouco tempo, a linguagem escrita pode ser mais proeminente no mundo do que a linguagem falada. Um tipo diferente de linguagem está surgindo a partir desta interface artificial: uma 'linguagem oral escrita', ocupando uma posição especial entre a linguagem falada e escrita. Computadores agora comunicam-se regularmente uns com os outros, também, por meio da escrita - isto é, por meio de linguagens de programação escritas - sem a mediação humana. A escrita, dessa forma, transcendeu a própria humanidade. Nós redefinimos o próprio significado da 'escrita'" (Fischer, 2001, p. 316).

sua resolução como códice maquínico. Todavia, a principal transformação está na alteração da função e do papel da linguagem quando esta deixa de ser a emissão de um eu, ou a intermediação entre dois sujeitos, de modo que agora convivemos com emissões e mensagens que não são falas de alguém, embora exijam respostas e direcionem nossos pensamentos e ações.

Artefatos linguísticos

A vanguarda da literatura se confunde agora com a exploração da escrita a despeito da legibilidade e da elocução. Desde o *Lance de Dados* de Mallarmé, o *Finnegans Wake* de Joyce, e o *Catatau* de Leminski, a arte literária tem explorado formações linguísticas que já não são para serem lidas propriamente, e que já não são narrativas e falas do eu, tu e nós. Efetivamente, não há pessoas nessas obras, e narradores menos ainda. Não há drama, não há intriga: o texto é um artefato semântico. E mesmo essas obras podem ser vistas como tão somente balbucios da nova linguagem maquínica e da nova condição da escrita na era das linguagens de programação e da realidade digital. Leminski percebeu que seu *Catatau* já não podia se inscrever na tradição literária do romance e da narrativa do drama existencial, e também não na da poesia. Embora exista um personagem, Cartésio, um coadjuvante, Artiscewsky, e um inimigo, Occam, o texto não é uma narrativa e, sobretudo, não é uma imitação da fala ou do diálogo; não há um drama ou uma intriga ou história sendo narrada e desenvolvida, tampouco uma saga. O texto como que se envolve em si mesmo, não comunica, não narra, não informa nada. O que há – isso que aparece em cena – é um dispositivo, uma máquina linguística.

O texto está ali não para ser lido e falado, mas sim como um artefato a ser manipulado, como máquina semântica, como um artifício de sentido. O próprio Leminski (1989, p. 210-211) resume: "pretendi realizar um dos postulados básicos da cibernética: a informação absoluta coincide com a redundância absoluta", o *Catatau* simultaneamente é "o texto mais informativo e, por isso mesmo, o texto de maior redundância. 0 = 0. Tese de base da Teoria da Informação. A informação máxima coincide com a redundância máxima." Nessa obra literária, ainda é o caso de literatura, mas não mais de imitação da ação humana. A palavra escrita, cujo sentido e significado provinham da fala humana, libera-se no gesto literário contemporâneo para uma linguagem que se instaura como significativa na exata medida em que produz a ausência de sentido humano, ao ser máxima informação cibernética. A letra agora dispensa a voz e o drama humano. Esse dispensar significa, antes de tudo, a recusa da submissão à fala e a eliminação da reiteração da imagem que o humano delineou de si mesmo desde a invenção da escrita.

A inscrição muda

O ato poético literário ainda assim é fonte de pensamentos, seja porque propõe pensamentos, seja porque exige o pensamento e faz pensar. A exigência do pensamento, todavia, ali se faz pela palavra que solicita uma dimensão de sentido não dada de antemão, pois é instaurada concomitantemente com o ato de inscrição. Esse ato pode ser concreto, realista, subjetivo, idealista ou imaginário, não importa, visto que é, primeiramente, um ato de ficção de sentido. A forma de aproximação à literatura aqui em exercício compreende a ficção de sentido como um gesto de estranhamento da palavra.

As palavras mais simples e cotidianas, e as formas de combinação, ao serem agenciadas por um ato poético, são deslocadas no seu sentido, mesmo quando usadas para falar das mesmas coisas de sempre. Porém, o estranhamento da palavra constitui apenas um aspecto, o qual tem de ser apreendido como sintoma de outro ainda mais insidioso, qual seja, o gesto de ficção de si por meio da palavra. A sugestão é que o gesto literário seja compreendido como um gesto de constituição de um si que é outro em relação ao si que escreve: o gesto instaura um sentido outro de si e, por isso mesmo, estranha a palavra. Na literatura contemporânea, o estranhamento verbal é agenciado para mostrar a presença de outra inteligibilidade, de outro sentido, que não mais se restringe ao humano que inventou a si mesmo ao inventar a escrita.

A minha posição sobre a arte em geral, e a literatura em particular, consiste em repensar a tese de que, nelas, o espírito cria para si uma nova vida, diversa da natural, que está fundada na ideia de que o espírito, a razão ou a consciência se perfazem por meio das assim chamadas artes, mais especificamente através da arte da escrita. Com efeito, a escrita tem sido reconhecida como a mais importante arte-tecnologia da história da formação humana. O que era natureza se torna artifício: a fala pode ser considerada um aspecto da determinação natural do animal humano, mas a escrita não é mais natureza – é artefato.

As civilizações históricas cuja vigência se dá em nós, contudo, identificam-se pela escrita, pela palavra escrita, assim como as grandes religiões estão fundadas em textos. O que nós reconhecemos como literatura não é outra coisa que não o acervo dos textos escritos, que não o registro escrito do pensamento e do espírito. A partir da invenção da escrita, mais precisamente dos alfabetos e silabários, o ideal de formação humana e de civilidade se confunde com o letramento. Não basta falar bem para ser um humano civilizado, há que se escrever, que se inscrever. Isso se deve ao fato de que a escrita é o primeiro artefato que efetivamente escapa da natureza. O indivíduo letrado, capaz de escrever e ler, está como que fora dos ciclos naturais. Não por acaso, ainda hoje se identifica a espiritualidade com a palavra escrita. O cume da formação humana é o letramento: a cultura, a civilização, o saber, as leis, tudo é letra. Se a literatura é a arte da palavra escrita, não é por acaso que hoje ela anuncia a vigência de si mesma para além do humano. O que se apresenta agora é um texto impronunciável, ou também uma voz sem eu. A letra, enquanto artefato, desde sua invenção continha no seu âmago algo estranho e independente, que escapava ao domínio do falante e do ouvinte; os escritos já prefiguravam os códigos maquínicos e sua lógica, os quais, embora feita pelos homens, são para a inteligibilidade das máquinas.

A questão consiste em pensar a condição da literatura em tempos de linguagens cibernéticas e de interações linguísticas não mais pautadas pelo diálogo. O mais refinado artefato humano, a linguagem escrita, funda a mais espiritual das artes, a literatura, como o uso mais refinado do mais refinado artefato. Nos últimos cem anos, um acontecimento inesperado nos faz pensar: a fusão entre linguagem escrita e máquina. Dos alfabetos capazes de reproduzir todos os sons de todas as línguas humanas e serem, assim, o veículo do espírito e da razão, emerge o alfabeto capaz de ser lido por uma máquina, capaz de ser a própria linguagem das máquinas, e tais máquinas são agora cognitivas e falantes. Nós mesmos, no dia a dia, com cada vez mais intensidade, lemos e falamos com e para as máquinas. Mas a essência das novas linguagens está no fato de que nelas se realiza uma inteligibilidade muda cuja base é a linguagem escrita – uma linguagem da qual nós somos na grande maioria analfabetos.

A figura dramática

A literatura, na sua imagem mais cotidiana, confunde-se com a narrativa da formação e dos dramas do herói, do santo e do homem político. Em termos modernos, a figura dominante é a do sujeito e sua consciência dos conflitos da pessoa consigo mesma e com as demais. O assim chamado personagem, seja ele solitário ou em confronto com a sociedade, constitui a figura mesma do texto literário e ainda predomina como imagem comum: Ulisses, Antígona, Dante, Dom Quixote, Hamlet, Fausto, Ivan Ylich, Niels Lyhne, Adrian, Ulrich, Mahood, Diadorim, Hilé. Na dramaturgia não foi diferente: a figura do herói ou do indivíduo em conflito, consigo ou com os outros, predomina no palco ainda hoje. Diz-se que essa imagem soçobra no século XX, que a literatura de um Beckett, seja em prosa ou dramaturgia, apresenta o fim da ideia mesma de indivíduo, dissolvendo o drama e o sujeito, o personagem. Sófocles, Dante, Shakespeare, Goethe, Dostoievski exploraram a condição humana, tanto nas suas amplidões, beirando o nada, quanto os seus limites e suas impossibilidades. A beleza, o sublime, o amor, o trágico, o horror, de Édipo a Ivan Ylich, sempre eram reflexos de humanidade em busca de sua configuração plena.

Pode-se julgar a literatura atual como a reprodução danificada, fragmentária, do humano. Mas, também, podemos considerar essa situação como indicativo de que a literatura agora expande sua capacidade expressiva e ficcional para além do drama, do épico e do lírico, para abrir a dimensão de sentido inumana, sem que isso seja uma história natural ou divina, mas, antes, maquínica. Se tomamos a sequência de romances de Beckett, *Molloy*, *Malone Morre*, *Inominável* e *A companhia*, como uma indicação da situação, o que ela mostra é a dissolução do eu e da voz dramática. Se o que resta é ainda uma fala, ela provém, já ali, de algo que propriamente tem de ser denominado "sem nome", pois não possui as condições de identidade e existência humanas (Birkenhauer, 2005, p. 271; p. 285). O leitor-espectador não está sozinho, porém, pois algo lhe faz *companhia*.

Lukács ainda podia dizer que o Romance era a forma artística de sua época; nós, hoje, temos nossas dúvidas, justamente pela impossibilidade, ao menos nas obras paradigmáticas, de reduzir o enredo a apenas assuntos humanos. A literatura pode ser compreendida, a meu ver, a partir de uma visada mais radical, qual seja, aquela que considera o próprio ato de inscrição, de letramento do humano, como formação do próprio espírito e razão a partir da escrita. Nessa perspectiva, a literatura se mostra como efetiva mesmo ali onde a narratividade deixou de ser o eixo da arte literária, isto é, no momento em que as linguagens artificiais dos códigos de programação e linguagens maquínicas emergem como a realidade da letra e da escritura. Desse modo, o texto, letra inscrita, independente da narração e da personagem, como objeto e finalidade das artes literárias, aparece agora, ele mesmo, como a própria substância da literatura.

Com isso, quero repetir o que já se disse: que uma obra literária nem sempre oferece interpretação ou imagem do homem, do mundo, da vida ou da sociedade. Isso se faz, todavia. Uma obra é, também, a tentativa de nos oferecer uma visão do que não é, a saber, de projetar uma prefiguração de uma situação humana alternativa. A obra literária de Hilda Hilst exemplifica a derrelição do humano em direção à sua dissolução, nesse sentido, prosseguindo a obra de Beckett, mas, tal como nesse autor, sem ainda indicar uma saída e sem nomear o que agora quer participar da ação. Nesses dois autores, trata-se sempre do humano, mesmo ali onde animaliza-se, onde, como Hilé, em *A obscena senhora D*, abandona a forma humana como única forma de não perder a razão. Uma vez atingido esse ponto, no qual o humano encontra os limites de sua forma, sem ter qualquer ilusão de transcendências divinas, emerge a figura do transumano como única alternativa: seja a máquina consciente seja a fusão homem-máquina. A dita literatura de ficção científica esconde esse segredo, isto é, o fim da ilusão da imagem divina do homem abriu a época, não do homem, mas da perfeição maquínica como a nova imagem ideal do humano. A ideia do supra-humano, do além do homem, está já fixada, mas ainda não se sabe como será e o que vai ser essa nova figura do espírito, e por ela é inominável. No entanto, a arte literária tem apresentado aspectos dessa figura. Duas imagens são recorrentes: uma é linguagem cibernética, a outra é o homem-máquina. Em ambas a questão do sentido não pode mais ser posta em termos meramente humanos e dramáticos. Que se fale então de pós-humano ou transumano é indício de que, em termos literários, não se trata, agora, de reproduzir e interpretar a condição humana, mas, antes, de apresentar uma realidade outra que não a humana.

Com efeito, se até bem pouco tempo atrás, como é o caso de *Franskstein*, de Mary Shelley, da *Eva Futura*, de Villiers de L'Isle-Adam, *Pinocchio*, de Carlo Collodi, e de *Metrópolis*, de Thea von Harbou e Fritz Lang, o personagem principal é maquínico, pode-se, contudo, dizer que se trata de aparatos mecânicos, mas não inteligentes. A situação dramática ainda é humana na sua totalidade, pois esses personagens emulam o humano e apenas convencem à medida que simulam com perfeição as características humanas, sugerindo, assim, que os próprios humanos estão aquém de si mesmos. A transformação nesse imaginário ocorre a partir do surgimento das máquinas inteligentes ou computadores cuja diferença essencial está em que elas operam já no plano linguístico e são propriamente máquinas semânticas. Embora tenha sido no cinema que essa forma de literatura ganhou popularidade, na sua origem estão contos e romances no formato tradicional. Desde o início, o cinema tem explorado com afinco essa nova paisagem do imaginário atual. Desde *Metrópolis* (1927), passando por *2001: Uma odisseia no espaço* (1968), *O Caçador de Andróides* (1982), até *Matrix* (1999) e *Inteligência Artificial* (2001), o tema da realidade maquínica – na qual os dramas humanos não mais propriamente são o centro dos conflitos e a lógica da vontade e da razão humana não mais determina a ação –, adquire a posição central como personagem literário.

Todavia, nesses casos, o conteúdo ou tema é que é inumano, mas a forma ainda é aquela introduzida pela palavra escrita há mais de cinco mil anos. A letra, a linguagem escrita, ainda é o cerne da inteligência que se compreende a si mesma como inteligência transumana. Mas, se no início a palavra escrita era o símbolo maior da espiritualidade humana, e o letramento a condição prévia do reconhecimento como parte do mundo civilizado, no cenário atual, da rede mundial de computadores e do sistema internacional de telecomunicações, a linguagem escrita representa muito mais a linguagem das máquinas do que a linguagem humana. O fluxo-movimento de informação agora ocorre muito mais na forma de linguagem de máquina do que na forma da linguagem humana. Essa condição já se mostra na literatura como uma situação incontornável.

Além do homem

O tema da condição pós-humana (*übermenschlich*) é em geral um mal entendido. Nietzsche falou do que viria por meio do homem e se instauraria como finalidade do homem. A literatura contemporânea explora essa temática na forma daquilo que sobrevém ao homem por meio de suas próprias criações. O supra-humano é o que se torna possível pela realização do humano e que o supera; do mesmo modo que a flora é condição para a fauna, o homem agora ocupa o papel de condição para a atuação da máquina. A máquina inteligente e a fusão do homem com a máquina, o ciborgue, já estão entre nós, mesmo que apenas de modo fragmentado. Dois casos paradigmáticos na arte literária dramática contemporânea, que se quer pós-dramática, isto é, que se coloca na perspectiva do para além de Édipo, de Hamlet e de Fausto, são as realizações textuais e cenográficas *Hamletmachine* de Heiner Müller e *Pinokio* de Roberto Alvim. Em ambas se trata de superar a condição de acabamento e esvaziamento do drama representado por Beckett, na qual o sujeito, o humano, que era sempre o pivô da ação dramática, desmorona sem possibilidade de se reerguer; nos dois casos, o humano se recusa exatamente no que ainda resta da imagem do homem configurada pelas figuras de Édipo, Hamlet e Fausto; todavia, agora essa recusa não permanece na negatividade característica do século passado, pois uma nova imagem indica a possibilidade de um outro modo existência e um outro horizonte de sentido. Hamlet quer ser máquina; a fábula agora é outra: não mais um boneco se torna humano, mas é o próprio humano que quer ser um boneco.

Hamletmachine é uma imagem condensada do desmoronamento catastrófico, apocalíptico da civilização iniciada pela invenção da escrita. O próprio texto de Heiner Müller exemplifica essa condição, estando mais próximo do programa de computador do que do diálogo. O desejo de se transformar em uma máquina sem dor ou pensamentos ilustra o novo paradigma literário: a própria palavra quer agora ser uma palavra de máquina, a própria máquina quer ter a palavra. Hamlet é, para muitos, o ícone do homem moderno, pois fornece o modelo do drama humano. Hamlet vindo a ser máquina indica que estamos numa situação pós-dramática. Por isso, na peça o ator-Hamlet proclama:

> Eu não sou Hamlet. Eu não tenho mais papel. Minhas palavras não têm mais nada para dizer para mim. Meus pensamentos sugam o sangue de imagens. Meu drama está cancelado. Atrás de mim o cenário está sendo desmontado. Por pessoas que não estão interessadas no meu drama, por pessoas para quem ele não interessa. Ele não interessa mais para mim também. Eu não estou atuando mais. Eu não quero mais comer beber respirar amar uma mulher um homem uma criança um animal. Eu não quero mais morrer. Eu não quero mais matar. (Müller, 1980)

E conclui, logo depois: "Quero ser uma máquina. Braços para agarrar pernas para andar nenhuma dor nenhum pensamento" (Müller, 1980). Com esse ato de escritura, Heiner Müller dispensa Hamlet e também o drama moderno. O drama está acabado, o drama que era sempre o drama do homem em conflito consigo mesmo e com outros homens. Mas o texto de Müller mostra outra coisa também: a literatura, enquanto imitação da voz e da ação humana, acabou. O texto *Hamletmachine* é, ele mesmo, um aparato semântico que não mais é uma imitação da voz e do diálogo. Na forma e no sentido, o texto emula e exige a ação maquínica que está para além da ação humana, embora a tenha como condição.

Essa situação é também o tema de *Pinokio* de Roberto Alvim. Ao escolher o personagem Pinokio, Alvim indica claramente que se trata de um artefato, mas, também, desse modo, indica o caráter mentiroso, e sugere, assim, que talvez o homem moderno, o sujeito soberano, nunca tenha passado de um engodo, de um construto artificial. Com efeito, no século XX encenou repetidamente o fim do homem, ao fazer-se falar e aparecer no palco o homem-fragmento, os restos de Hamlet, sem ousar mostrar o homem-híbrido, o transumano. O tema do hibridismo entre corpos e máquinas, essa realidade agora emerge no palco na peça *Pinokio* como o personagem principal. A referência a isso, a essa personagem, suas falas e ações, indica a dificuldade, pois não estamos diante de um eu dramático, de uma pessoa, e, no entanto, isso atua, fala, age:

> O que estava lá tinha a ver com ação e carne, nervos e motores, expostos. Sangue e óleo, circulando em tubos infinitos. Pedaços acoplados, em cicatrizes, ligados uns aos outros, os pedaços, costurados, nascendo, brotando uns dos outros, glândulas e metal, músculos, tendões, circuitos. Mas não uma cabeça, não, cabeça não, nenhum rosto, só partes. De um corpo. Uma criança? E os tubos, os fios, e o sangue, espécie de sangue, negro, sangue negro, óleo e sangue, circulando nos tubos, pelos canos, misturados em dutos. (Alvim, 2012, p. 127)

Como no quadro *Pilot*, de H. R. Giger, percebem-se traços e partes humanas, mas o todo é algo para o qual não temos nome. Não é propriamente um robô individual que imita uma pessoa individual, mas uma situação inclusiva que se revela da ordem da máquina. A conversa-texto inteira contém falas humanas, mas estas se constituem como significativas apenas como mensagens cibernéticas e códigos no fluxo interno de interações maquínicas. No portfólio da peça, Roberto Alvim indica o problema:

O grande desafio para a dramaturgia, hoje, é problematizar a ideia de trama, de conflito, de personagem (esteios do drama tradicional, ligados ideologicamente a uma visão hegemônica acerca da condição humana), e, promovendo o desenvolvimento de uma obra com outras bases, conseguir fazer com que ela se tensione, crie ruídos, deslocamentos [...], proporcionando uma experiência estética inaugural que amplie nossas vivências. PINOKIO dá continuidade à busca [...] pela criação de alteridades radicais em cena. O título faz menção à fábula de Carlo Collodi, na qual um boneco transforma-se em ser humano. Aqui, seres humanos metamorfoseiam-se em uma espécie de *transumanidade*. A ação se dá em um mundo inteiramente inventado, habitado por criaturas que existem através de outras lógicas linguísticas, propondo a instauração de mitos imprevisíveis. (Alvim, 2012, p. 107-108)

É de mito que se trata, de literatura, mas uma literatura que se quer indicação do outro que não o humano. Hamlet-máquina e Pinokio já não são mais humanos: a letra aí já não é mais expressão do espírito, sua lógica não é mais antropológica. A fusão homem-máquina e o privilégio da linguagem escrita, que não mais representa a fala humana, reconfiguram a arte literária e nos fazem pensar na tensão que agora se expande entre o espírito da letra e o espírito humano. Uma vez dissociados, letra e espírito, escrita e humanidade, a realidade transumana, enquanto fruto do acabamento do projeto de humanização que se iniciou com as sociedades letradas, aparece como fascinante e horrorosa, no mesmo grau de espanto proporcionado pelas ideias da possível separação entre consciência e vida, e humano e organismo, tal como proposto pelos novos profetas da biotecnologia. O que é isso que se apresenta, que atua e fala, que contracena com os eus humanos? O humano, o eu dramático, já não está sozinho, a situação é insólita. Que presença é essa, que fala e que ação é a sua, na qual e para a qual o gesto humano é tão somente uma cifra codificada?

Inscrição

Ao lermos a primeira frase de *Rútilo Nada*, de Hilda Hilst, "Os sentimentos vastos não tem nome" (Hilst, 2003, p. 85), somos de pronto solicitados a uma revisão de nosso pensamento e de nosso linguajar. Com efeito, no dia a dia tudo parece nomeável e dizível, e essa frase nos faz pensar naquilo que não tem nome e ainda assim está aí. A sequência do texto mostra de que se trata. Não é apenas a tentativa de dizer o não dito e de trazer à palavra aquilo que ainda não foi denominado. Trata-se, antes, de dizer o outro de si, o outro de nós mesmos; ou ainda, de modo mais preciso, de dizer um outro modo de ser um si mesmo; modo esse que não é apenas outro, mas que é, propriamente falando, *outro que não humano*, a tal ponto que se mostra como inumano. O final do texto diz isso explicitamente, na frase retrospectiva do inteiro texto, no momento de reconhecimento de si do narrador: "Tudo o que é humano me foi estranho" (Hilst, 2003, p. 103). Não se trata propriamente de uma narrativa, e também não de um narrador, mas, como em Beckett, de uma voz que não se diferencia da palavra que se inscreve sem ser o registro de uma voz.

Esse exemplo é paradigmático do gesto literário enquanto ato artístico. A ficção literária, à medida que é arte, reitera o gesto de constituição de si que configurou o humano como não mais mera natureza. Os atos pelos quais o humano se instaurou como diferente a partir da natureza são, propriamente falando, míticos e sempre restam fora da história. A história alcança apenas o humano, ou, *ao contrário*, o si humano é a própria história, como o disse Droysen. Todavia, o humano é uma entidade processual, não é algo que permaneça na identidade através dos tempos e transformações, não está inteiro em cada momento. Isso implica que a cada instante ele mesmo se instaura como humano por meio de seus atos, entre os quais, para o homem histórico, é essencial o ato da escrita. O modo não poético de autoinstauração é o da repetição de gestos e hábitos e formas já estabelecidos. O modo poético reitera o próprio ato de ficção de si, mesmo quando repete formas e conteúdos. Sim, o gesto literário repete e reutiliza as palavras e formas linguísticas, mas pela via do excesso, do exagero, do estranhamento. O ato de sentido que se perfaz como poesia e prosa reitera o ato que estranha o humano na natureza, justamente por ser a inscrição do pensamento por meio de um artefato que tem sua própria lógica, cujo nexo não é o liame natural. No gesto literário contemporâneo o humano estranha a si mesmo, duplamente, ao querer-se ato semântico inumano e ao querer dar vida e consciência à máquina, isto é, ao significar como máquina.

Estranhamento

Todavia, na obra literária de Hilda Hilst se mostra outro aspecto do ser humano, qual seja, o aspecto antigamente nomeado caráter, ou destino, mas que nessa obra aparece como o resto de natureza ineliminável que compõe uma pessoa singular na sua concretude e crueza, e que aparece na forma de traços repetitivos e, sobretudo, na forma de uma regressão à animalidade diante de situações-limite. Situações-limite, entenda-se, para o humano que se autoconcebe como humano tão somente e recusa qualquer transcendência para dimensões inumanas. Esse aspecto é bem claro no título e nas três novelas que compõem a obra *Tu não te moves de ti*. Nesses textos, assim como em *Rútilo Nada*, confundem-se poesia e prosa, em prol de um texto de ficção cuja potência se mostra na tensão entre o que se espera de um humano e o que se apresenta como realidade e acontecimento do humano que soçobra diante de seu ideal antropomórfico.

A minha hipótese de leitura é que a tentativa de dizer o inumano – e isso é evidente em Müller, Alvim e Hilst – implica se afastar da linguagem prosaica e poética, pois, desde o começo, a palavra escrita representa o sinal da humanidade e da espiritualidade. O estranhamento em relação ao humano tem como correlato imediato o estranhamento da palavra e o afastamento em relação à correção gramatical. Assim, a inovação linguística e o estranhamento no plano da palavra podem ser tomados como sintomas de outro modo de ser, e não apenas de outro modo de dizer. Dito de modo breve, entendo a literatura, poesia e prosa, como exercício de estranhamento na perspectiva de um ir além do que se é: um recusar a palavra feita, a palavra coisificada, e reafirmar o gesto que transformou o berro animal em palavra significativa. Por isso, o que sugiro é que na literatura contemporânea, sobretudo aquela pós-Beckett, dá-se uma inversão do mote nietzschiano: na escrita de arte não está em questão o "vir a ser o que se é", mas, antes, o "tornar-se o que não se é", enquanto um afastar-se de si em direção ao ser outro não mais humano, por meio da inscrição de uma outra palavra. Palavra essa que é, antes de tudo, letra, que não é para ser lida por um outro humano, mas que é apenas apreensível por uma máquina. O ato semântico aí quer ser significativo nos termos da máquina, é, ele mesmo, um ato maquínico, conquanto fictício.

Ficção de si

Fala-se hoje, sem pensar, em línguas naturais, ou em linguagens naturais, como se isso houvesse. As artes da palavra sempre foram a reiteração do gesto que retira a língua humana da natureza. Esse gesto, de ficção da linguagem, é também o gesto pelo qual o humano se desvencilha do liame natural, desacoplando-se dos regimes causais-materiais e, concomitantemente, abrindo a dimensão do sentido unicamente no qual vive a espiritualidade humana. Mas, com o tempo, essa dimensão se torna em hábito e em mecanismo: a arte da palavra está aí para quebrar essa naturalização. A língua natural e histórica é apenas o meio pelo qual o escritor a cada momento instaura novamente um plano linguístico que não é natural.

Se seguimos Fernando Pessoa, que dizia que é porque a vida não basta que existe a literatura e as artes, podemos compreender o gesto literário de Müller, Alvim e Hilst como dizendo: o humano não basta. O humano, tal como configurado pela história das sociedades históricas, baseadas na palavra escrita como modelo mesmo da espiritualidade, configurou-se como uma instância da lei, na medida em que se educar e formar como humano não seria outra coisa senão o deixar-se marcar pelo letramento, pelo porte da palavra e da lei inscritas no próprio corpo, cuja figura emblemática é a marcação de Caim pelo sinal divino. A palavra escrita conforma o humano histórico. Essa condição é explorada pelos autores como condição negativa e limitadora. Os seus heróis, ou personagens principais, de regra são aqueles que rompem com essa inscrição, aqueles que transgridem a palavra e a lei e, assim, abdicam da própria espiritualidade ou humanidade.

O que estou sugerindo é que se pode ver a literatura contemporânea, sobretudo no teatro e na prosa de vanguarda, como uma forma de arquitetar uma alma, um sentido alternativo ao humano, por meio de uma linguagem outra. Esses três autores exemplificam com sua postura e textos essa consciência da literatura como forma de exploração do além-do-homem que se configurou nas figuras dos heróis gregos, dos profetas hebreus, e de Hamlet e Fausto. O ato literário neles é ficção, isto é, é instauração de realidades alternativas; não consiste apenas no nomear o que ainda não foi nomeado. Usam as palavras criando novos sentidos, novos usos, criando novas palavras para realidade nunca dantes dita, porque inexistente até então. E isso inclui a ficção do humano, a ficção de outra realidade, diferente da humana, como horizonte de fala e sentido: a ficção de outra forma de vida falante.

Inventar, ficcionar uma outra vida, projetar-se outramente – não enquanto ato semântico, mas, antes, como ato performático que, por meio da escrita, inscreve-se de outro modo –, isso também é a literatura, pois escrever é um atuar de modo a dar a si mesmo uma outra forma de vida, é um agir cujo resultado é não uma imitação do já existente, mas sim a projeção de possibilidades outras. Todavia, essa imagem se choca com o principal bordão da filosofia da arte de Platão a Danto, cujo cerne está na equação entre arte e poesia, e cujo modelo básico é o signo escrito inteligível. A obra de arte foi assim pensada como um significante cujo significado é sempre o humano. E a literatura seria aquela arte na qual o espírito, humano, melhor se mostra, pois se define por meio da linguagem escrita. Que isso seja um pré-conceito aurido dos fundamentos das sociedades letradas que se instauraram nos últimos cinco milênios, poucos percebem.

Exercício da letra

A Literatura que interessa e comove é aquela que explora o estranho, seja o familiar ou o exótico. Um texto literário não é um relato ou descrição, pois isso não é arte. O cume da literariedade contemporânea está no texto que presentifica o além do sensível, o além do inteligível e do sentido comum, ao instaurar uma dimensão propriamente dita fora do padrão dado. O ponto principal está na ficção de um outro que não seja mais humano, na projeção de um sentido além do humano, pelo qual o humano pode apreender-se como limitado e como não-sendo. Isso é essencial para um ser histórico. Escrever é um ato que adquire sentido enquanto ação de inscrição do inaparente no plano do visível. Na base da literatura, da poesia e da prosa, está o ato literário, isto é, o ato de inscrição pelo qual o espírito mesmo irá se pautar no seu evolver. O ato de leitura é um ato de submissão à letra.

O exercício da palavra na forma do texto, enquanto dimensão de invenção e atividade criativa, desligado dos interesses cotidianos, mas voltado à apresentação de aspectos inauditos da existência, e também para a mostração de outros modos de vida que não a humana, no sentido de exploração e projeção do inumano, isto é, do além do homem, determina-se como ato de sentido que excede o âmbito de sentido estabelecido. O ato de sentido se perfaz, mesmo quando intencionalmente pretende tão somente apresentar o cotidiano e a vida comum por meio de um deslocamento de perspectiva. Todavia, aqui me interessa marcar aqueles gestos que não são apenas a atualização de uma perspectiva exótica ou incomum, mas, antes, aqueles que são a realização de uma projeção de um mundo outro e de uma forma de vida alternativa ao humano histórico, quer dizer, aquela literatura que é uma *mimesis*, não da ação humana passada ou futura ou possível ou desejável, mas, primariamente, de uma ação para além do que é humano, enquanto tentativa de demonstração de uma superação do humano no homem, enquanto abertura e indicação de um mundo e de uma ação outra que a humana, propriamente então *übermenschlich*; esta palavra, bem entendida, indicando aquilo que é inumano, embora realizado e possibilitado pelo humano: a máquina, a linguagem maquínica, para a qual o humano é tão somente parte e condição.

A experiência literária (poesia, romance, conto, narração) enquanto frequentação do não familiar não é uma invenção recente, pois está presente nos mais antigos textos. Ao lado da palavra escrita como expressão do real (mostrando, assim, os limites da ilusão e do imaginário dominantes), como expressão do irreal (mostrando, desse modo, os limites da realidade e da experiência dominantes), esteve sempre e as mais das vezes de modo dominante a palavra como expressão do artificial e do estranho (mostrando assim os limites do possível e do pensável) e do impossível (mostrando assim os limites do ser e do não ser). Já no seu início, a palavra escrita foi usada para dizer o inexistente e o não prosaico. Por isso, a pergunta: qual o sentido da palavra que diz o outro do real e o outro do humano? Como é o ato semântico maquínico? Que sentido tem essas falas, atos e letras que não provêm de uma pessoa-eu humana, do complexo Édipo-Hamlet-Fausto?

A ficção do outro

A arte e o artístico podem ser vistos como indicadores de uma *dimensão do humano*, isto é, como sinalizações para o âmbito em que o humano vem a ser o que ele é. O âmbito da arte, assim, seria pensado como sendo o onde e o quando do existir humano *qua* humano, no sentido de que os atos artísticos *reiteram* a forma dos atos pelos quais o animal humano se diferencia do animal e do vegetal, transformando-se num ser cuja existência apenas perdura por meio de atos de iteração de si, atos esses que instauram essa existência com uma consistência própria. Na arte, trata-se de um agir cuja finalidade é possibilitar esse mesmo agir; uma ação que implica sua própria iteração como condição de sua possibilidade, uma ação que reitera uma ação. E nisso está sua primariedade para o humano, pois este apenas tem ser enquanto reitera os atos de iteração pelos quais ele se instaura. A arte, por conseguinte, é, antes de tudo, expressão do humano na sua plenitude. Uma obra de arte é aquilo que dignifica aquele que a fez ou a assim compreende *como humano*. Nesse sentido, podemos dizer que o ato artístico constitui um *traço* ou *marca* de um *si*-humano, e não uma expressão do "divino", do "ser", da "natureza", da "verdade", do "transcendente", do "nada", da "ideia", etc., pois esses nomes adquirem sentido sempre no contexto de um *si* que se autocompreendia como humano.

Todavia, o meu objetivo aqui foi provocar um deslocamento semântico da expressão "arte literária" em direção ao agir e ao atuar transformador, para afastar a ideia de que no gesto literário se trata apenas de sentir, de perceber, e de dizer o humano e seus dramas, com a indicação de que no gesto artístico está em operação a reiteração da forma dos atos pelos quais o humano se constitui como humano, no preciso sentido de que na arte está em jogo o exercício da atividade pela qual nós instauramos a cultura como distinta da natureza. Dito em termos clássicos: no ato do artista se reitera o ato que fez do humano um animal metafísico. Mas isso, a partir dos exemplos comentados, exige a compreensão de que a forma histórica do humano também está em questão no gesto de ficção literária, enquanto índice do natural que precisa ser destruído.

Essa perspectiva de consideração da arte é uma revisão radical da tese de que na arte, e, sobretudo, na arte literária, ocorre a realização das mais profundas propriedades da natureza humana. Pois, faz-se necessário dizer que *na arte ocorre a ficção do humano*. Isso dito no preciso sentido de que nas atividades artísticas se reitera a forma dos atos pelos quais o humano se instaura a partir do inumano, como um artifício inesperado frente ao natural. Mas isso vale também na outra direção, qual seja, de que esses atos de reiteração também implicam o afastamento de si em direção ao inumano, então pensado como pós-humano. O humano é um acontecimento surpreendente em relação à natureza, assim como a escrita é uma inovação que poderia não ter ocorrido, e de fato não ocorreu como necessidade para muitos humanos, ditos malevolamente "incivilizados".

A minha proposição é que o cerne constitutivo do artístico é iterabilidade, a repetibilidade não monotônica, no sentido de que a sua repetição produz novos sentidos, novos nexos, sentidos e significados imprevisíveis. Uma obra de arte é o resultado de um ato que nos solicita como agentes interativos, ato esse que exige, como complemento para sua realização, um outro ato. Ou melhor, a arte é essa incitação ao gesto de autoinstauração coletiva do humano, é essa ação de afecção do humano em nós. Daí que as obras paradigmáticas tenham sempre o traço do direcionamento, do sentido cogente, do agenciamento: a obra artística apela, dirige a atenção e o pensamento, *afeta e incita* ao ato de reiteração de si dos humanos em relação de coatividade. Todavia, como o humano em nós não é um dado ou um dom natural, mas uma *institutio* que apenas se mantém e se conserva na medida em que seja reiterado em cooperação comunitária, na arte se exercita a forma mesma de instauração do ser humano. Por isso mesmo, o sentido e o significado, o conteúdo da arte, o deleite associado ao artístico, não são um prazer estético nem metafísico, mas prático, provocado e realizado no plano da iteração interativa de agentes, não de sencientes ou cognoscentes, enquanto efetivação da liberação em relação à natureza para uma atividade que apenas se sustenta enquanto é reiterada.

O que a literatura contemporânea, exemplificada aqui por *Hamletmachine*, *Rútilo Nada* e *Pinokio*, apresenta é uma situação em que a co-ação ocorre entre agentes que não são mais humanos ou apenas humanos. A interação mesma é pós-humana, no sentido de que a sua lógica é maquínica por não ser dirigida e centrada na figura do sujeito autoconsciente e falante. E, no entanto, a presença da linguagem, não como fala, mas como inscrição e código, é decisiva. A palavra estranha à fala, impronunciável, que não é mediação de uma conversa, indica a emergência do outro do humano no plano mesmo de sua ação. O transumano, o *übermenschlich*, é outro, embora seja a continuação do humano por outros meios. Não se trata de uma realidade alienígena, mas sim de algo que advém por meio da ação humana, isto é, pela realização do humano. Ao realizar-se o humano instaura as condições de emergência do supra-humano. Que este se mostre sob a forma do maquínico indica apenas a sua primeira aparição imperfeita. Essa prefiguração é o que a literatura nos apresenta com mais e mais insistência, e, assim, ela mesma se desvencilha da lógica da palavra e do drama humano ao dar letra ao que não tem voz e, mesmo assim, está aí (*da-sein*).

Referências bibliográficas

ALVIM, Roberto. *Dramáticas do transumano e outros escritos seguido de Pinokio*. Rio de Janeiro: 7Letras, 2012.

BIRKENHAUER, Theresia. *Schauplatz der Sprache – das Theather als Ort der Literatur*. Berlin: Vorwerk8, 2005.

FISCHER, Steven Roger. *A history of writing*. London: Reaktion Books, 2001.

HILST, Hilda. Rútilo Nada. In: HILST, H. *Rútilos*. Org. e ed. A. Pécora. São Paulo: Ed. Globo, 2003.

_____. *Tu não te moves de ti*. Org. e ed. A. Pécora. São Paulo: Ed. Globo, 2004.

_____. *Com meus olhos de cão*. Org. e ed. A. Pécora. São Paulo: Ed. Globo, 2001.

LEMINSKI, Paulo. *Catatau: um romance-idéia*. Porto Alegre: Sulina, 1989.

MÜLLER, Heiner. *Hamletmachine*, trans. Carl Weber: Performing Arts Journal 4.3 (1980).

O ENCONTRO DE VILÉM E JOÃO NA FESTA DA LÍNGUA

Rodrigo Duarte[1]

Quando se atenta para os escritos de Vilém Flusser que têm o Brasil como principal tema – especialmente a *Fenomenologia do brasileiro* –, salta à vista o pouco apreço que o filósofo demonstra pela natureza brasileira, contrariando, aliás, todos os estereótipos adotados por estrangeiros, quando nela identificam traços de um paraíso terrestre. Nesse posicionamento *sui generis*, Flusser insiste numa espécie de desconforto estético que a paisagem brasileira ocasiona, o qual dificulta sua fruição por estrangeiros e, também – por motivos diversos –, por brasileiros. Além disso, chama a atenção para os obstáculos que a natureza brasileira cria para os seres humanos já na obtenção do seu sustento mais básico e mais ainda no seu desenvolvimento econômico num sentido mais amplo. Esse ponto de vista converge para uma posição tipicamente defendida por Flusser, que diz respeito à qualidade peculiar ao povo brasileiro de ser dotado de uma prodigiosa resistência, assim como de outras características relevantes a serem consideradas aqui. Estas são entendidas por Flusser como parte da essência do país, de modo que se depreende que a atitude negativa diante da natureza brasileira teve, para o filósofo, o papel de motivar a se aproximar da cultura brasileira:

> A meta era a de entrar em contato com a natureza brasileira. Isso resultou em total fracasso. Pelo contrário: o contato com tal natureza resultou em alienação quase patológica, em recusa irracional e fortemente emocional dessa vastidão desumana. Antes de tentar analisar as causas de tal resultado, é preciso confessar que o ódio que a natureza brasileira provocava na gente contribuía fortemente para o posterior engajamento na cultura brasileira. A

---

1. Professor Doutor no Departamento de Filosofia da Universidade Federal de Minas Gerais - UFMG.

gente identificava "cultura brasileira" com "luta com a natureza brasileira" e era antes de mais nada tal aspecto da cultura que empolgava a gente. (Flusser, 2010, p. 61 *et seq.*)

Antes, entretanto, de levar em conta os aspectos da cultura brasileira ressaltados por Flusser como especialmente originais e promissores, é necessário insistir um pouco no seu ponto de vista de que o povo brasileiro é excepcionalmente forte (uma vez que mede forças com uma natureza hostil) e potencialmente digno, dependendo apenas de uma tomada de consciência de seus traços peculiares, superando, dessa forma, a situação de alienação a que esteve historicamente submetido. Essa posição transparece em muitas passagens dos escritos de Flusser dedicadas ao Brasil, sendo que, em *Bodenlos*, após uma descrição contundente sobre o caos paulistano na década de 1940, o filósofo ressalta que não lhe passou despercebida a qualidade moral das pessoas que formavam aquelas multidões:

> São Paulo se apresentava como amontoado de alienação fantástica, para se revelar lugar de decência humana. Mas tal descoberta veio muito mais tarde, e provocou amor infeliz por São Paulo, engajamento infeliz, meta deste livro. (Flusser, 2010, p. 42)

Ressalte-se que Flusser conhecera metrópoles europeias em que circulam enormes massas populacionais antes de imigrar para o Brasil, observando que naquelas a multidão parecia mais "estruturada" do que nas cidades brasileiras:

> O primeiro contato se dá com uma massa urbana heterogênea e quase amorfa. É verdade que a massa fala uma única língua (o português), e isto parece dar-lhe estrutura. Mas o ouvido atento descobre que essa língua não é infraestrutura (como no caso das sociedades europeias), mas que forma um teto a reunir a massa, qual esperanto ou koiné, debaixo do qual pulsam inúmeras outras línguas que se refletem no próprio português para poder penetrar a massa e integrar-se nela. (Flusser, 1998, p. 40)

A referida heterogeneidade seria baseada no fato de que nas maiores cidades brasileiras (especialmente São Paulo), que já na década de 1940 cresciam desordenadamente, se amontoavam imigrantes oriundos da Europa, do Oriente Médio e do Leste Asiático, além de migrantes internos provenientes das regiões mais pobres do país, ocasionando uma miscelânea de hábitos, costumes e modos de falar. Para Flusser, no entanto, por mais que essas formas de vida urbanas sejam suficientemente complexas e ininteligíveis, o modo de ser da gente do interior mais profundo do Brasil é ainda muito mais difícil de entender:

> Todas as suas categorias europeias para captar a realidade falham perante essa gente, inclusive categorias sociais aparentemente tão fundamentais como "família" e "aldeia", ou categorias psicológicas como "alegria" e "raiva". Porque aqui o imigrante se dá conta de ter abandonado não apenas o terreno do Ocidente, senão da história toda. (Flusser, 1998, p. 42)

É principalmente diante dessa enorme complexidade que Flusser agradece à literatura de Guimarães Rosa que, a seu modo, desvenda a essência desses seres humanos peculiares.

Antes de abordar a visão de Flusser sobre a literatura de Guimarães Rosa – o principal objetivo desta exposição –, será necessário se referir à sua distinção entre mistura e síntese, bem como à aplicação que ele dela faz na tentativa de compreender a realidade brasileira. De acordo com o filósofo, a mistura humana heterogênea (e caótica) que se percebe aqui à primeira vista encerra a possibilidade de produzir sínteses ainda não obtidas em outras sociedades contemporâneas:

> [...] síntese não é mistura. A diferença óbvia é esta: na mistura os ingredientes perdem parte da sua estrutura, para unir-se no denominador mais baixo. Na síntese, os ingredientes são elevados a novo nível no qual desvendam aspectos antes encobertos. Mistura é resultado de processo entrópico, síntese resulta de entropia negativa. Obviamente o Brasil é país de mistura. Mas potencialmente, por salto qualitativo, é o país da síntese, como sugere o exemplo da raça. (Flusser, 1998, p. 52)

A partir dessa distinção, configura-se o lado mais fortemente positivo das indagações de Flusser sobre o Brasil como uma realidade, à primeira vista, pobre e deficitária sob vários aspectos, que tem, entretanto, a potencialidade de uma transformação profunda na vida e na cultura, a qual seria frutífera não apenas para os brasileiros, mas para todo o mundo, enquanto apresentação da possibilidade de uma sociedade pluralista, democrática e solidária, com um modo de ser naturalmente cultural e estético:

> Pois o que pode significar ser brasileiro no melhor dos casos? [...] Pode significar um homem que consegue (inconscientemente, e mais tarde conscientemente) sintetizar dentro de si e no seu mundo vital tendências históricas e não his-

tóricas aparentemente contraditórias, para alcançar síntese criativa, que por sua vez não vira tese de um processo histórico seguinte. (Flusser, 1998, p. 54)

Mediante essa consideração, torna-se mais justificável a posição supramencionada, de que a "difamação" da natureza brasileira por Flusser tem como objetivo ressaltar as qualidades dos seres humanos que travam com ela uma luta cotidiana pela sobrevivência. Mas, a partir da noção de síntese introduzida acima, torna-se plausível que essa luta tenha como efeito não apenas a obtenção da subsistência mais básica, como também o estabelecimento de um tipo de formação humana para a qual a democracia seria um valor existencial, i.e., não como algo postiço ou estudado:

> A sociedade brasileira luta, inconscientemente (e, em pequena parte, conscientemente) contra uma natureza pérfida e madrasta, e todo homem individual é aliado óbvio e espontâneo nessa guerra contra a natureza. Se diálogo for democracia, então a sociedade brasileira é autenticamente democrática, muitas vezes a despeito das instituições que procuram estruturá-la. O brasileiro é democrata existencialmente. A despeito de todas as diferenças enormes (maiores que alhures) entre classes, raças, níveis culturais e ideológicos, a sociedade brasileira é profundamente unida enquanto sociedade dos que procuram impor a marca da dignidade humana sobre uma natureza maligna. (Flusser, 1998, p. 71)

Para Flusser, é digno de nota que a tendência fundamental dos brasileiros para a convivência democrática seja algo *existencial* e não assumido simplesmente por um ato de vontade. Analogamente, ocorre no Brasil o que o filósofo acredita ser o pendor para uma vivência que, apesar de "não-histórica", não é necessariamente primitiva ou arcaica. Para ele, a grande deficiência dessa a-historicidade espontânea da atitude fundamental do brasileiro é o seu caráter ainda inconsciente, o qual deve ser superado, de modo que a vocação para uma experiência a-histórica não primitiva se realize completamente.

A supramencionada peculiaridade da cultura brasileira, advinda de uma não menos peculiar dialética entre natureza e sociedade, se associa à reflexão, feita por Flusser, sobre a relação do Brasil com o exterior, especialmente com o mundo "desenvolvido". Nessa reflexão, o filósofo constata, de modo especial na elite econômica e política do país, uma tendência à pura e simples imitação dos modelos adotados nos países plenamente industrializados.

Tendo em vista essa tendência, Flusser propõe a distinção entre "defasagem" e "síntese". Assim como a "mistura", enquanto contraposta à "síntese", na consideração da população brasileira era um indício de certo tipo de imaturidade, a "defasagem" é sintoma de atraso em relação aos países industrializados, especialmente no tocante ao desenvolvimento social, econômico, cultural e científico, atraso que, no entender das referidas elites, deveria ser eliminado, ou pelo menos reduzido, mediante a importação de modelos tidos como bem sucedidos naqueles países.

Uma síntese, porém, de modo análogo ao que se viu como contraposto à "mistura", produz um *novum* a partir das condições numa situação dada, não desconsiderando influências externas, mas integrando-as e digerindo-as adequadamente. Um exemplo bastante caro a Flusser diz respeito ao chamado "barroco mineiro": para ele, um europeu, principalmente se for oriundo de cidade com patrimônio barroco significativo, teria bons motivos para desprezar um conjunto arquitetônico, pictórico e escultórico como o de Ouro Preto, por exemplo, se fosse compará-lo com a grandiosidade, o virtuosismo e a teatralidade do barroco europeu, os quais contrastam com a modéstia e economia de meios – até mesmo com a precariedade – do seu similar do ciclo do ouro nas Minas Gerais (Flusser, 1998, p. 80), no qual, em muitos casos, a taipa de pilão substitui a alvenaria, a madeira pintada imita – quase sempre precariamente – o mármore e a fina azulejaria portuguesa; as dimensões arquitetônicas e esculturais são, em geral, muito reduzidas e a pedra sabão disfarça mal a inexistência de materiais construtivos mais nobres. Entretanto, Flusser reconhece o inestimável valor artístico dessas obras, asseverando que, nesse caso, o problema seria muito mais terminológico do que relacionado com sua qualidade artística propriamente dita:

> Mas a risada sossega e vira admiração desde que o imigrante se liberte do rótulo barroco. Porque então descobre um fenômeno sem paralelo, no qual elementos portugueses, orientais (hindus e chineses) e negros conseguem formar uma síntese na qual é possível descobrirem-se os germes de um novo tipo humano. (Flusser, 1998, p. 81)

Certamente, ao lado desses casos peculiares de grandes sínteses como a do "barroco mineiro", a realidade brasileira abordada por Flusser estava repleta de exemplos de pura e simples defasagem, como nos casos do parque industrial e tecnológico, do setor acadêmico e científico e mesmo das importações, na área cultural, que não se apropriam de conteúdos exógenos para produzir algo realmente novo. Mas, exatamente porque algo já aconteceu nesse sentido – e, em certo sentido, continua a ocorrer –, o filósofo acreditou na possibilidade de uma grande síntese futura, que consistiria numa contribuição brasileira para a humanidade em geral:

> O exemplo dado do passado torna evidente a essência da defasagem. No Brasil se dão processos que visam espontaneamente a síntese de tendências históricas e a-históricas contraditórias que podem resultar em cultura, atestando um homem a-histórico não primitivo que empresta sentido novo à vida humana. (Flusser, 1998, p. 82)

Tendo em vista as experiências culturais presenciadas pelo próprio Flusser no seu período de residência no Brasil, o filósofo menciona inúmeros fenômenos das décadas de 1950 e de 1960 como exemplos de síntese até bem mais complexos do que o do "barroco mineiro", dentre os quais se destaca a referência a Guimarães Rosa: "(...) um escritor de origem brasileira recorreu à língua do interior para enriquecê-la com elementos europeus e pô-la na boca de um caboclo que leu Plotino, conhece Heidegger e Camus e tem visão kafkiana do mundo" (Flusser, 1998, p. 89).

Quando Flusser se manifestou dessa forma, Rosa já havia sido objeto de vários de seus pequenos ensaios publicados na imprensa, alguns deles presentes na coletânea surgida no final dos anos de 1960, intitulada *Da religiosidade*[2]. Tendo em vista, a princípio, o enfoque mais genérico – menos localizado em obras específicas –, assim como o tom mais intimista e confessional de *Bodenlos*, em que Rosa é apresentado pelo filósofo como um de seus interlocutores mais próximos, comentarei sucintamente, aqui, alguns tópicos do capítulo desse livro que tem o escritor mineiro como tema.

É mister lembrar que as menções a Guimarães Rosa na obra de Flusser, datam dos seus primeiros escritos, chegando mesmo a haver em *A história do diabo* uma referência à interpretação rosiana sobre a inexistência do demônio:

> Na introdução deste livro sugerimos a identidade entre tempo e diabo. É ele o próprio princípio da modificação, do progresso, da fenomenalização portanto. É o princípio da transformação de realidade em irrealidade. É o que Guimarães Rosa tem em mente ao dizer que o diabo não existe. (Flusser, 2005, p. 33)

---

2. Neste escrito, utiliza-se a segunda edição, publicada em 2002. Sobre Guimarães Rosa, há dois ensaios nesse livro: "O 'Iapa' de Guimarães Rosa" e "Do poder da língua portuguesa".

No capítulo de *Bodenlos* dedicado a Rosa, Flusser mostra-se, por um lado, muito respeitoso e admirado diante do grande romancista e, por outro, impiedosamente crítico frente aos impasses pessoais ligados à sua busca de reconhecimento, os quais se expressavam, por vezes, em hesitação e insegurança desproporcionais à comprovada qualidade do seu trabalho literário. As conversas entre Flusser e Rosa, ocorridas no gabinete desse último no Itamaraty, de acordo com o relato de Flusser, sempre giravam em torno do assunto predileto do escritor, a saber, ele próprio e, dentro dessa temática, enfocavam quatro aspectos da literatura de Rosa: a) a "brasileiridade", b) as tendências do romance no mundo e a posição do escritor dentro delas, c) a língua portuguesa e a linguagem em geral e d) a salvação da alma. O aspecto "a", o menos importante para Rosa segundo Flusser, era, para o filósofo, o mais fundamental, porque ajudava a compreender o modo de ser do sertanejo brasileiro. E é claro que, no caso de Rosa, paira no ar a ideia de que a gente do interior de Minas Gerais – tanto quanto a das grandes cidades brasileiras – poderia se tornar o que Flusser entendia como "o novo homem". Em virtude de seu desenraizamento, de sua *Bodenlosigkeit*, essas pessoas estariam propensas a realizar a confluência de tendências históricas e não históricas, resultando numa síntese inédita:

> Pois estes vaqueiros e cangaceiros e suas "damas", esses nômades pré-históricos (no sentido radical do termo "história") são seres "estóricos", isto é: desenraizados do mundo e em busca do outro. O mistério é que, justamente por não terem raiz no mundo, com ele se confundem na sua viagem. Por não serem historizados, não se assumem historicamente, e confundem-se com o boi, o burro, a flor, o buriti, na sua busca inconsciente e mítica de um "recado". Não são pessoas ("máscaras"), são existências, isto é, estão "nonada". São ambivalentes (Diadorins), e correm debalde (Riobaldo), e habitam uma terceira margem do rio. São verdadeiros, porque vivem a fundamental condição humana. É isto o "sertão" roseano: o mundo do mito por ele concretamente vivenciado em menino. E são estas as "veredas" roseanas: viagens em busca de meta. E é este o interior brasileiro roseano: o território da salvação humana, "utopia", portanto lugar não encontrável em mapa. Pois tal utopia vive na memória dos brasileiros como realidade concreta, e deve ser preservada. (Flusser, 2010, p. 133)

Além do aspecto "a" – a "brasileiridade" – da temática dos diálogos com Rosa, é importante mencionar também um elemento do aspecto "b", i.e., sobre a situação mundial do romance, para o qual Flusser chama a atenção enquanto síntese, na obra do escritor, de traços estilísticos oriundos tanto de sua vivência sertaneja originária como de sua assimilação, também vivencialmente incorporada, da escrita "pós-histórica" do romance europeu, superando a mera mistura desses elementos:

> Mas isso não pode ser alcançado por uma espécie de decisão intelectual do tipo: tome-se uma parte de Minas e uma parte de Joyce, misture-se e sirva-se quente. O caráter mesmo do épos, enquanto dizer inspirado, exclui decisões deste tipo. Era preciso, pelo contrário, decidir-se negativamente. Isto é: mergulhar dentro do clima mítico mineiro e dentro do clima pós-histórico joyciano e kafkiano, e deixar dominar-se por ambos, para depois poder tornar-se porta-voz de ambos. Coisa espontaneamente dada para Rosa, o qual participava de Minas por nascimento, e do mundo joyciano e kafkiano por tradição cultural, posição social, e informação consciente. (Flusser, 2010, p. 135)

A menção ao épos no eloquente trecho acima aponta para uma interessante questão, a saber, que a narrativa rosiana, tal qual a epopeia grega, apresenta uma profusão de personagens primários e secundários tão grande que às vezes torna-se difícil saber quem é o verdadeiro protagonista da narrativa. Uma experiência não muito difícil de se fazer é comparar, por exemplo, o infindável "desfile" do "Catálogo das naus" no segundo canto da *Ilíada* (Homero, 2001, p. 90), no qual ressaltam os nomes e as descrições dos mandatários de todos os rincões da Grécia, com referências semelhantes, presentes em muitas das "estórias" de Guimarães Rosa, tais como, além de *Grande sertão: veredas*, as novelas de *Corpo de baile*.

Cumpre observar que a incerteza sobre o protagonismo nas narrativas rosianas, tendo em vista exatamente o seu supramencionado traço "épico", nos instiga a comentar uma novela de *Corpo de baile*, a saber, "Uma estória de amor (Festa de Manuelzão)", aplicando certos elementos da "filosofia da língua" de Flusser, originada numa época em que o filósofo se deixou influenciar muito pela literatura de Guimarães Rosa, i.e., na primeira metade da década de 1960.

Desse período, destaca-se *Língua e realidade*, obra em que Flusser propõe a língua como realidade *em geral*, numa proposta filosófica em que o primeiro Wittgenstein se funde com o Heidegger de *Ser e tempo*. Para Flusser, o caos de potenciais estímulos à nossa percepção não merece ainda o nome de "realidade", porque lhe faltaria, enquanto algo meramente sensorial, um princípio organizador que produzisse certa coerência. Esse princípio tem sua origem na capacidade humana de compreender racionalmente, de conceituar. Segundo Flusser, os conceitos não possuem qualquer existência além do que percebemos enquanto palavras, de modo que a própria realidade se compõe de palavras. O que o filósofo chama de "dados brutos", a saber, percepções visuais, auditivas, olfativas, táteis, etc., está destinado a se transformar em palavras e frases, constituindo, assim, uma "realidade". A alternativa à sua transformação em palavras é o retorno dessas percepções desorganizadas ao caos indistinto de onde elas surgiram:

> A grande maioria daquilo que forma e informa nosso intelecto, a grande maioria das informações ao nosso dispor consiste em palavras. Aquilo com que contamos, o que compilamos e comparamos, e o que computamos, enfim, a matéria-prima do nosso pensamento, consiste, em sua maioria, de palavras. [...] Além de palavras, os sentidos fornecem outros dados. Estes se distinguem das palavras qualitativamente. São dados inarticulados, isto é, imediatos. Para serem computados, precisam ser articulados, isto é, transformados em palavras. [...] Como os dados "brutos" alcançam o intelecto propriamente dito em forma de palavras, podemos ainda dizer que a realidade consiste de palavras e de palavras *in statu nascendi*. Com essa afirmativa teremos assumido uma posição ontológica. (Flusser, 2004, p. 40)

O referido posicionamento ontológico repousa na afirmação de que não há realidade fora da língua, uma vez que qualquer consideração posterior sobre sua natureza já pressuporia sua existência, de modo que aquilo que é exterior à língua – percepções sensoriais intelectualmente inarticuladas e até mesmo palavras não sintaticamente ordenadas – deveria ser entendido como apenas o que compõe suas "bordas", sendo apenas potencialmente *real*. O modo específico por meio do qual as palavras são organizadas numa língua constitui uma realidade dada, o que leva Flusser a considerar que não apenas os grandes grupos linguísticos, os quais distinguem as línguas flexionais das isolantes e das aglutinantes, pressupõem e engendram realidades diferentes, mas – mesmo dentro de cada grupo – línguas diferentes também implicam em "mundos" diferentes, de modo que há tantos mundos quantas línguas existem. Assim, as traduções são compreendidas como pontes erigidas sobre o abismo do nada, para ligar certo mundo a outro.

Para a melhor compreensão de sua ideia mestra da língua enquanto realidade, Flusser propõe o que ele chama de "globo da língua", reproduzido na figura abaixo (Flusser, 2004, p. 222):

```
                    EIXO DE
                    PROJEÇÃO
                 SILÊNCIO | AUTÊNTICO
   PLÁSTICA      POLO DO  | NADA (ES)         MÚSICA
                   ORA    | ÇÃO
                   POE    | SIA
EQUADOR DA       CONVER   | SAÇÃO          EQUADOR DA
REALIDADE                                   REALIDADE
                 CONVERSA | FIADA
                SALADA DE | PALAVRAS
                  BALBU   | CIAR
                 POLO DO  | NADA (MAM)
                 SILÊNCIO | INAUTÊNTICO
                    EIXO DE
                    PROJEÇÃO
```

Nesse diagrama, Flusser indica a "linha do equador" como o eixo da língua, enquanto coincidente com a própria realidade, acima do qual se encontra a "conversação", i.e., a comunicação interpessoal enriquecedora, e abaixo do qual, está a "conversa fiada", ou seja, as articulações vazias da linguagem. No "hemisfério norte", acima da conversação, se encontra a "poesia", a qual significa, para o filósofo, a atividade criadora, instituidora de "realidades", que perpassa não apenas a arte, mas também a filosofia e até mesmo as ciências. O seu antípoda no "hemisfério sul", no âmbito da "inautenticidade", é a "salada de palavras", a qual designa a desarticulação existente em estados de confusão – ou virtual inaptidão – mental.

Ao passo que, no "hemisfério norte", a oração corresponde ao murmúrio voluntariamente assumido na contemplação do absoluto, no "hemisfério sul" o balbucio deve ser entendido como resultado da impossibilidade de enunciar frases, tal como no caso do bebê que ainda não aprendeu a falar. Nos polos norte e sul desse globo há o silêncio, sendo que, no primeiro, ele é wittgensteiniano, ou seja, fruto de um longo percurso de atividade intelectual; no segundo, o mutismo é indício de imaturidade linguística.

É interessante observar que, pouco tempo depois da publicação de *Língua e realidade* e *A dúvida*, Flusser retoma praticamente os mesmos termos do "globo da língua", sem, no entanto, fazer uso dessa metáfora geográfica. Aqui, o filósofo parte da polaridade chamado/conversa, sendo que o primeiro diz respeito aos nomes próprios (ou "palavras primárias") e a segunda se compõe de palavras secundárias, as quais se encaixam perfeitamente na "engrenagem da língua" (Flusser, 1999, p. 63) para produzir os discursos que correspondem à nossa lida cotidiana com o mundo – à nossa *realidade*, para recuperar o termo empregado na obra de Flusser referida acima. Assim como nessa, em *A dúvida*, a poesia, aparentada com o *chamar* característico dos nomes próprios, corresponde a um alargamento ontológico do que é conhecido e o emprego da língua – especialmente nos seus usos que enriquecem a existência humana – é entendido como uma festa:

> A língua é uma festa sempre encenada da alienação primordial, a língua é essencialmente festiva. Com efeito, a língua é a essência da festa: dizer que somos seres pensantes é dizer que participamos da festa. O pensamento é a festa eterna da alienação do de tudo diferente de si mesmo. Todos os mitos e todos os ritos da humanidade são no fundo fases individuais, festas inferiores e parciais, dessa única enorme festa de alienação que é o pensamento. [...] A língua, o pensamento, é o conjunto de todas as festas, isto é, de todos os mitos e de todos os ritos. Mais exatamente: a língua é o manancial do qual todos os mitos e todos os ritos brotam. A língua é a festa-mestre. (Flusser, 1999, p. 81)

A interessante proposta de Flusser da língua como festa, cujos desdobramentos infelizmente não podem ser discutidos nessa pequena exposição[3], nos permite abordar a novela "Uma estória de amor (Festa de Manuelzão)", de *Corpo de Baile*, tendo em vista a sugestão de Flusser de que as narrativas rosianas são épicas e da constatação – empiricamente possível – da dificuldade de designar os protagonistas nas epopeias gregas (vide o exemplo,

---

[3]. Uma interessante abordagem da noção de "festa da língua" em sua relação com a poesia concreta pode ser encontrada no ensaio de Teresa Campos, "A poesia na festa da língua" (*in* Jardelino, 2010).

supramencionado, do "Catálogo das naus" na *Ilíada*). Dito de outro modo, pode-se, então, indagar sobre quem é o protagonista de "Uma estória de amor": Manuelzão? O velho Camilo? Joana Xaviel? Ou quem sabe o eremita João Urúgem? Na verdade, nenhum deles merece o nome de protagonista, nem mesmo Manuelzão, que desempenha muito mais o papel de um mediador, por meio do qual as diversas "estórias" dos inúmeros personagens da novela se interpenetram. A resposta a essa pergunta pode bem ser que a língua é a personagem principal da novela, o que faz da "Festa do Manuelzão" verdadeiramente a "festa da língua".

Para que a natureza dessa convergência fique mais clara, podemos mostrar como algumas das personagens principais na novela correspondem a pelo menos um dos diversos níveis do supramencionado "globo da língua". Manuelzão, fazendo às vezes de protagonista da narrativa, corresponde ao "equador" no diagrama, o qual corresponde à língua enquanto realidade – principal mediação das pessoas entre si e dessas com os objetos de suas ações, não apenas no sentido da obtenção de sua subsistência, mas da afirmação da própria existência no mundo. Manuelzão parece endossar a tese flusseriana de que a dimensão do mundo é a da própria língua, admitindo que aquele pode aumentar pelo uso criativo da língua na narrativa:

> Pois, minhamente: o mundo era grande. Mas tudo era ainda muito maior quando a gente ouvia contada a narração dos outros, de volta de viagens. Muito maior do que quando a gente mesmo viajava, serra-abaixo-serra-acima, quando a maior parte do que acontecia era cansativo e dos tristonhos, tudo trabalho empatoso, a gente era sofrendo e tendo que aturar, que nem um boi, daqueles tangidos no acêrto escravo de todos, sem soberania de sossego. (Rosa, 1969, p. 97)

O vaqueiro percebe claramente, desse modo, que a linguagem poética supera, em "realidade", o âmbito da lida cotidiana, no qual ele se exercita no modo da "conversação" quando, por exemplo, aproveita o aglomerado da festa para "negociar" com os convidados interessados na economia da região. Essa situação é assim descrita na narrativa:

> Nem não era ele só, mas uma quantidade dos outros, também, que mais queriam era tratar de seriedades, mesmo ali na festa. Agora, percebia. Como que de propósito, passeando no eirado, no pátio, ele vinha direito àquelas pessôas, por roda. Escutava, falava reperguntava. Ouvido de boiadeiro, ouve o bufo e o berro inteiro. [...] Esse pessoal do Baixio labutava o que podiam.

> Dos duros. Mas sabiam ser daniscos de espertos. Tinha-se sempre que estar com um olho no prato, o outro no mato. (Rosa, 1969, p. 130)

Além dessa caracterização de Manuelzão como representante da "realidade", especialmente na forma de "conversação", há, na novela, outras personificações de níveis expressos no "globo da língua". João Urúgem, por exemplo, oscila entre os níveis inferiores do "silêncio inautêntico" e o da "salada de palavras", de um modo descrito da seguinte maneira na narrativa:

> Mesmo tinha viajado de vir ali, estúrdio, um homem-bicho, para vislumbrar a festa! O João Urúgem, que nunca ninguém enxergava no normal, que não morava em vereda, nem no baixio, nem em chapada, mas vevia solitário, no pé-de-serra. Desde não se sabia mais, desde moço, quando o acusaram de um furto, que depois se veio a expor que ele não executara – tinha ido viver sòzinho no pé-de-serra, onde o urubú faz cãs nas grotas e as corujas escolhem sombra [...]. João Urúgem fedia a mijo de cavalo. Viera de lá, por conta da festa da capela – isso se entendia. Ele não sabia mais falar corretamente com os outros, parece que chorava pensando que estava se rindo. Pegara por lá essa doença de malcheirar, quem sabe também o que ele não comia? Já não devia de se lembrar mais da culpa do furto, se esquecera. (Rosa, 1969, p. 94)

Outra personagem que encontra correspondência no diagrama flusseriano é Joana Xaviel. Em muitas passagens ela é descrita como uma rude mulher sertaneja, de meia-idade, sem maiores atrativos, que, enquanto integrada no seu ambiente, participa da "conversa fiada" do povo da região, portanto, de um nível da linguagem abaixo do "equador da realidade". No entanto, ela possui dotes "poéticos", os quais se expressam na força imagética de seus relatos, a ponto de sua própria figura se transformar totalmente, de acordo com o seguinte trecho da novela:

> Joana Xaviel fogueava um entusiasmo. Uma valia, que ninguém governava, tomava conta dela, às tantas. O rei velho rei segurava a barba, as mãos cheias de brilhantes em outro de anéis; o príncipe amava a moça, recitava carinhos, bramava e suspirava; a rainha fiava na roca ou rezava o rosário; o trape-zape das espadas dos guerreiros se danava no ar, diante: a gente via o florear das quartadas, que tiniam, esfaiscavam; ouvia todos cantarem suas passagens, som de voz de um e um. Joana Xaviel virava outra. No clarão da lamparina, tinha hora em que ela estava vestida de ricos trajes, a cara demudava, desatava os traços, antecipava as belezas, ficava semblante. Homem se distraía, airado, do

abarcável do vulto – dela aquela: que era uma capiõa barranqueira, grossa rôxa, demão um ressalto de papo no pescoço, mulher praceada nos quarenta, às todas unhas, sem trato. Mas que ardia ardor, se fazia. Os olhos tiravam mais, sortiam sujos brilhos, enviavam. (Rosa, 1969, p. 102)

Mas, sem sombra de dúvida, a personagem que encontra correspondência mais interessante no "globo da língua" é o Velho Camilo, que se encontra na parte superior do diagrama. Ele é descrito como um misterioso senhor de idade, que "já rodara pelo arredor, asilando-se em ranchos ou cafúas mal abandonadas no campo sujo", descrito como "digno e tímido", de um modo que "às vezes a gente fitava nele e tinha a vontade de tomar-lhe a benção" (Rosa, 1969, p. 92). O seu caráter lacônico, associado à aparência de quem tinha passado por muitas experiências (e inclusive perdido todos os bens materiais), sugere por vezes o Velho Camilo como personificação do "silêncio autêntico" do diagrama flusseriano. O fluxo de consciência atribuível a Manuelzão numa das inúmeras passagens sobre o Velho Camilo sugere essa aproximação: "Perguntasse ao Velho Camilo. Assim, assim, todo vivido e desprovido de tudo, êle bem podia ter alguma coisa para ensinar... Mas o velho Camilo, o que soubesse, não sabia dizer, sabia dentro das ignorâncias" (Rosa, 1969, p. 141). A proximidade do Velho Camilo com o nível da "oração", no "globo da língua" fica igualmente clara com sua resposta oracular ao Chico Bràabóz, quando este lhe dirige uma pergunta capciosa:

> "Seo Camilo, escute, o Manuelzão aqui está indagando umas coisas, êle quer negociar com a vida. O senhor me responda, o senhor que já viveu o de outros e o seu: quais são as horas melhores?" Velho Camilo respondia, com seo sério, suas palavras de teor: - "De verdade. Horas melhores, quando acho o que comer, e o que vestir. Horas piores quando acho alguma malquerença, que não posso atalhar..." Assim respondido. Achavam que êle era meio sandeu, e êle estava a limpo na sua tristeza. (Rosa, 1969, p. 133)

Por fim, em consonância com a suspeita de Manuelzão de que o Velho Camilo "sabia era contar estórias" (Rosa, 1969, p. 141), este – para surpresa de todos – rompe com seu laconismo para se manifestar poeticamente, na narrativa sobre o "Boi Bonito", que encanta os participantes da festa, não apenas pelo seu conteúdo comovente, como também pela interpretação intensa dada pelo ancião:

Velho Camilo cantava o recitado do Vaqueiro Menino com o Boi Bonito. O vaqueiro, voz de ferro, pêso de responsabilidade. O boi cantava claro e lindo, que, por voz, nem alegre nem triste, mais podia ser de fada. No princípio do mundo, acendia um tempo em que o homem teve de brigar com todos os outros bichos, para merecer de receber, primeiro, o que era – o espírito primeiro. Cantiga que devia de ser simples, mas para os pássaros, as árvores, as terras, as águas. Se não fosse a vez do Velho Camilo, poucos podiam perceber o contado. (Rosa, 1969, p. 150)

A festa do Manuelzão, que, de acordo com o enfoque aqui proposto, pode ser entendida como um exemplo eloquente de "festa da língua", com que Flusser caracteriza a expressão poética, termina de modo apoteótico com a comovente narrativa do Velho Camilo. Essa festa da língua, pode, portanto, ser entendida como o local de mais um encontro de Vilém Flusser com Guimarães Rosa, para além dos muitos encontros factuais que ambos tiveram. Mas o que diferencia o encontro aqui delineado é o fato de ser o de uma filosofia totalmente aberta à expressão poética com uma literatura que, como é amplamente sabido, tangencia constantemente os grandes temas da reflexão filosófica.

Referências bibliográficas

FLUSSER, Vilém. *A história do diabo*. São Paulo: Annablume, 2005.
_____. *A dúvida*. Rio de Janeiro: Relume Dumará, 1999.
_____. *Bodenlos. Uma autobiografia filosófica*. São Paulo: Annablume, 2010.
_____. *Da religiosidade: a literatura e o senso de realidade*. 1. ed. São Paulo, Conselho Estadual de Cultura, 1967. 2. ed. São Paulo: Escrituras, 2002.
_____. *Fenomenologia do brasileiro*. Rio de Janeiro: Eduerj, 1998.
_____. *Língua e Realidade*. São Paulo: Annablume, 2004.
HOMERO. *Ilíada*. Tradução de Carlos Alberto Nunes. Rio de Janeiro: Ediouro, 2001.
JARDELINO, Murilo. (Org.). *A festa da língua – Vilém Flusser*. São Paulo: Memorial da América Latina, 2010.
ROSA, João Guimarães. *Corpo de baile*. 2. ed. Rio de Janeiro: Livraria José Olympio Editora, 1969.

1ª EDIÇÃO [2015]

Esta obra foi composta em Minion Pro e Din sobre papel Pólen Bold 90 g/m² para a Relicário Edições.